L. CALVINHAC

Député

# Vers la

# Justice

PARIS
SOCIÉTÉ LIBRE D'ÉDITION DES GENS DE LETTRES
12, RUE D'ULM, 12

1896
Tous droits réservés.

# SOCIÉTÉ LIBRE D'ÉDITION DES GENS DE LETTRES

## POUR PARAITRE PROCHAINEMENT

DU MÊME AUTEUR : — **La Tradition révolutionnaire** (1789-91).
      —           —     **L'Abbé Virginal** (Etude de mœurs). 1 vol.

---

ALFRED BONSERGENT. — **Myosotis**, roman. 1 vol.
JEAN DALVY. — **Folle de haine**, roman. 1 vol.
EMILE DESCHAMPS. — **Au Harem** (Carnet d'un voyageur). 1 vol.
LÉON FERBEYRE. — **J'aime ma femme**, roman. 1 vol.
JEANNE FRANCE. — **Maternel Supplice**, roman, 1 vol.
ALBERT PINARD. — **Samuelle Servais**, roman.
HENRI RAINALDY. — **Delcros** (Le Mal d'aujourd'hui), roman.
GASTON RAYSSAC. — **Les Semeurs d'or**, roman.
MARCELLE VERMONT. — **Pédaleuse**, roman.

# VERS LA JUSTICE

## L. CALVINHAC
Député

# Vers la Justice

PARIS
SOCIÉTÉ LIBRE D'ÉDITION DES GENS DE LETTRES
12, RUE D'ULM, 12

1896
Tous droits réservés.

*Ceci n'est pas un livre mais un simple procès-verbal de constat de ce qui est et qui doit entraîner fatalement un changement profond dans un avenir prochain.*

*C'est l'avant-propos de ce livre que bientôt le peuple tout puissant ajoutera aux annales de l'histoire.*

*Voir les causes qui amènent cette transformation, dire l'état moral des esprits qui en établit la philosophie, c'est saluer la Révolution libératrice imminente.*

*Ces pages sont un acte de foi.*

*Pourquoi, si imparfaites, les ai-je livrées au public, c'est que la foi est, dit-on, communicative.*

*Cet espoir est mon excuse.*

> Ce sont des idées qui se sont
> enivrées et qui et sont mises à
> courir les unes après les autres.
>
> DE CHASTELLUX.

## I

Dans les lueurs superbes dont les découvertes de la science illuminent cette fin de siècle, on dirait que l'humanité disparait. On se hâte vers les applications de ses découvertes pour ne pas se laisser distancer par les phénomènes nouveaux qui, tour à tour, dévoilent leurs causes et leurs lois.

Les savants trouvent et démontrent, les ignorants croient et admirent.

En dehors de ce pouvoir que conserve la science de retenir l'attention pour ses applications tangibles, il semble que rien autre n'intéresse plus. Pas autre chose ne paraît mériter ni solliciter l'étude.

Tout ce qui, autrefois, occupait l'esprit ne compte plus. C'est à peine si quelques lettrés — et encore pour la plupart de profession —

conservent la tradition des grands enseignements de la philosophie et de l'histoire.

Et combien peu en est-il parmi eux qui dépassent la connaissance exclusive de cette tradition; combien peu qui sortent de l'interprétation du texte et cherchent à apporter le témoignage de leur personnalité et de leur conscience!

Malgré que quelques-uns en aient dit, la science n'a pourtant point failli à sa mission. Au contraire, elle accomplit son exode avec la rigidité et la précision d'un théorème mathématique.

Mais repliée sur elle-même, vivant sur son propre fonds, elle est devenue trop personnelle et elle s'est insuffisamment mêlée à l'activité commune. Aussi a-t-elle quelque peu dévié, et son influence bienfaisante a perdu une partie de la puissance qui lui appartenait légitimement.

C'est qu'en effet rien ne peut marcher isolé et que l'action parallèle de toutes les forces est nécessaire à l'harmonie des Sociétés.

La philosophie sans la science n'est qu'une logomachie à l'usage des habiles, la science ignorante des faits psychiques et des fatalités économiques demeure forcément renfermée aux laboratoires.

Bien plus, les applications pratiques de ses découvertes, — qui seront un jour si fécondes pour le bonheur humain, — vont alors directement à l'encontre du but. Une faible partie seulement des hommes en profitent et les font servir à la satisfaction de leur égoïsme.

On trouverait certainement dans ce fait l'explication des négations de quelques rhéteurs suffisants autant qu'aveugles et des malédictions lancées par des désespoirs inconscients.

Mais ce défaut de concordance, ce manque d'équilibre, cette inharmonie irritante n'est que l'erreur d'un jour, d'une heure peut-être. La faute en incombe toute entière à notre organisation sociale.

Les savants et les sachants, les penseurs et les philosophes, les croyants et les dévoués ne doutent pas que ce malentendu disparaisse à bref délai. L'œuvre des premiers rayonnera, un jour très prochain, dans la gloire radieuse dont la foi des seconds prépare sans relâche l'avènement.

Il ne faut donc pas chercher ici une critique de telle ou telle branche du savoir humain, mais seulement la constatation de l'absolue nécessité d'un lien les réunissant et faisant communs leurs efforts.

Autre chose est nécessaire. Pour qu'elles ressortent à leur plein effet et qu'elles atteignent la divinité de leur mission, les savants doivent se rapprocher chaque jour davantage de l'hu-

manité et reprendre la forte devise de Térence :
*homo sum et nil humani a me alienum puto.*

Certes, parmi cette élite intellectuelle dont nous nous enorgueillissons à bon droit, la plupart le comprennent et le veulent ardemment ; mais la constitution de notre Société, le mensonge de nos institutions, l'injustice des règles et des mœurs sociales paralyse leur effort, rend impuissant leur dévouement et annihile leur action.

La bourgeoisie règne en maîtresse. Elle triomphe dans la superbe de son égoïste nullité. Elle ne voit rien en dehors d'elle-même et ne s'intéresse qu'à elle. Dans l'atroce conception du combat pour la vie, le « tout pour soi » est devenu la suprême notion. Le voisin, le semblable est considéré comme un rouage qu'on peut utiliser, un élément dont on peut se servir.

Etre pratique ! tout disparait devant cette vertu éminemment bourgeoise. Les douleurs, les souffrances d'autrui sont peu de chose, et c'est à peine si, rassasiés au delà de leurs besoins, les favorisés du monde consentent à laisser ramasser quelques miettes de leur superflu.

Et encore n'est-ce peut-être là qu'un calcul habile ! le moyen de laisser vivre, — sans satisfaire pourtant toutes les nécessités de la vie,

— un plus grand nombre de concurrents pour les besognes salariées! La concurrence, chère aux économistes, amenant la diminution du prix des services!

Mais ce n'est pas seulement un effroyable calcul de haine ou de passion qui préside à la monstrueuse iniquité sociale. La haine peut disparaître, les passions finissent par se calmer: Qu'espérer contre l'inertie de l'habitude et l'apathie de l'indifférence?

Voyez la jeunesse! Qu'est devenue aujourd'hui cette franche et spirituelle gaieté qui était sa grâce; cet instinct de dévouement et d'amour qui faisait sa gloire? A peine sortis de l'enfance, les jeunes gens sont sérieux et blasés, graves et compassés, comme si déjà les dures leçons de la vie et les atteintes du malheur eussent glacé leur cœur et étouffé en eux toutes les générosités.

Et dire que ce sont les jeunes qui, — d'admirable instinct et de sublime foi, — furent les meilleurs combattants des révolutions passées!

Etre jeune, avoir cette force que donne seule l'espérance en l'avenir, est-ce donc une tare, que tous se vieillissent et ratiocinent non sur ce qui est beau, l'art, la science, l'amour, mais uniquement sur le moyen de parvenir et de jouir plus vite?

Malheureuse jeunesse! Combien pour elle

seront tristes et douloureuses les heures de l'âge mûr — alors qu'on regarde en arrière et qu'on se remémore le passé — lorsqu'elle ne retrouvera le souvenir d'aucune participation à ce grand et laborieux effort de l'humanité vers le bien et le juste! Combien vides alors apparaîtront les premières années et combien regrettées les forces d'énergie et d'illusion qui font les grandes actions et les sublimes pensées!

Paul de Saint-Victor rapporte une légende qui, impitoyablement, me revient à la mémoire, quand j'entends nos jeunes hommes se glorifier de leur scepticisme voulu et de leur indifférence affectée. « Les musulmans racontent que Moïse, chassé par une peuplade sauvage de la citerne où il menait boire ses chameaux, changea en singes ces hommes inhospitaliers. Ils habitent, depuis leur métamorphose, les palmiers d'une verte oasis qu'ils remplissent de leurs cris et de leurs gambades. Mais, de temps en temps, ils se souviennent qu'ils ont été autrefois des hommes. Alors, on les voit interrompre leurs jeux, cesser leurs grimaces et leurs contorsions. Ils s'accroupissent tristement à terre, leurs traits mobiles redeviennent sérieux et pensifs, une lueur de raison éclaire la vague folie de leurs yeux. Saisis de nostalgie en se rappelant la race dont ils sont déchus, ils plongent dans leurs mains noueuses leurs têtes dégradées et de grosses larmes coulent sur leurs joues velues. »

Ne dirait-on pas à voir le sérieux ennuyé, l'impassibilité triste là où devrait se trouver la vitalité joyeuse et même un peu folle, que, comme pour les singes de la légende, le châtiment a commencé.

Dans le grand effort vers l'entière connaissance des phénomènes de la nature qui caractérise notre époque, la jeune génération bourgeoise participe seulement dans la mesure nécessaire à la conquête des diplômes et des titres exigés pour la carrière choisie. Cela acquis, elle se cantonne dans un particularisme étroit et mesquin ; elle se spécialise, se cristallise pour ainsi dire, dans un objectif utilitaire. La préoccupation dominante est d'arriver vite à recueillir la plus grande somme possible de jouissances.

Cette maladie du temps présent indiquerait un abaissement des esprits ; heureusement, ce mal n'est que passager. Il est la résultante inévitable d'une révolution incomplète, avortée, pourrait-on dire, puisqu'elle n'a pas profité à tous. Détournée de son but, empêchée dans la réalisation de ses doctrines par le crime d'un génie fatal et la honte d'une restauration imposée, elle fut depuis confisquée par ceux qui se prétendaient les dépositaires de ses principes et de sa tradition.

Lorsque, après avoir lutté pendant des siècles pour le conquérir, la bourgeoisie s'empara du pouvoir, elle n'avait aucun idéal, ni religieux, ni philosophique. Sa conception morale ne s'élevait pas au-dessus de la morale commerciale. Tous ou presque tous ses membres étaient commerçants ou argentiers et ne comprenaient rien en dehors des conventions du négoce, où le plus souvent le succès est une justification des moyens. D'ailleurs du malheureux état d'infériorité qui fut si longtemps le leur, les bourgeois avaient gardé l'ardent et impérieux besoin de briser les liens qui les enchaînaient à leur classe sociale. Ce que les pères n'avaient pu faire, ils le rêvaient pour leurs fils.

Mais pour entrer dans ce monde fermé, pour que les fils pussent tenir un rang égal à celui des nobles et les filles s'allier aux familles titrées, il fallait acquérir de la richesse, et beaucoup. Elle seule pouvait combler l'abîme qui séparait les deux classes.

Dès lors, le but unique fut d'augmenter la fortune. La bourgeoisie l'avoue hautement, et tous ses efforts tendent à ce résultat.

N'est-ce pas à la tribune française qu'est donné ce conseil « Enrichissez-vous » qui devient le critère du bien ? Balzac, qui connaissait si admirablement les bourgeois, parle de « l'omnipotence, l'omniscience et l'omniconscience de l'argent ». Déjà au xviiie siècle, quand ces tendances se montrent et qu'elles commencent à donner des résultats, un penseur constatait que « l'or est le souverain des souverains ».

C'est cette corruption, l'accoutumance aux faits existants, la paresse égoïste des esprits s'opposant aux aspirations généreusement altruistes qui furent la base de l'éducation donnée à la génération actuelle.

Mais, au contact des journalières expériences, au spectacle navrant des misères grandissantes, à la constatation flagrante des inégalités anormales, les intelligences s'émeuvent, les cœurs se rouvrent. Les habitudes ataviques perdent de leur force et disparaissent devant des besoins nouveaux d'idéal et de justice : la notion du droit se retrouve.

C'est l'influence merveilleuse de la science qui, en changeant les conditions de l'existence, en détruisant les préjugés et rétablissant l'examen impartial, a pu secouer la torpeur morbide qui enchaînait la conscience. Cela a été son rôle sauveur.

A son puissant appel, aux aperçus révélateurs de sa méthode, aux leçons de sa critique, les esprits se sont réveillés plus vifs et plus alertes.

1.

Et déjà la réaction salutaire se produit, s'exagérant même dans certains cerveaux qui, honteux de ce vasselage au convenu, vont jusqu'aux limites les plus extrêmes de la révolte. De là, en art, en littérature, en politique, les formes nouvelles, brutales parfois dans leur expression imprécise, utopiques, dangereuses si l'on veut, mais bénies mille fois puisqu'elles annoncent le renouveau de la pensée, le retour à la vie.

## II

C'est alors que, perpétuant les errements des devanciers, méconnaissant les sévères leçons de l'histoire, la bourgeoisie dirigeante a voulu contraindre l'opinion. Tracasseries, persécutions, répressions, lois d'exception, tout a été mis en œuvre.

Mais, comme l'a dit Rivarol : « Il faut attaquer l'opinion avec les armes de la raison ; on ne tire pas de coups de fusil aux idées. » Aussi combien inutiles toutes ces mesures où le grotesque le dispute à l'odieux !

Comment expliquer la conduite des gouvernants, sinon par cette loi fatale de l'histoire qu'à certains moments de l'évolution sociale, ceux-là même contre lesquels se fait cette évolution, sont les premiers, par ignorance, incapacité, forfanterie ou abus d'autorité, à hâter la marche des événements ?

A la veille de ces grandes époques de gestation des Sociétés, on dirait qu'il y a comme un arrêt dans la vie publique, un certain dégoût de l'action permettant les retours en arrière, les renoncements aux progrès déjà acquis.

Ce n'est là qu'une illusion, une sorte de repos avant la bataille décisive.

Insoucieuse du passé, ne voyant que le rêve de l'avenir, la conscience humaine se recueille. Elle se consulte : puisant dans la grandeur de sa mission les forces nécessaires pour la victoire définitive.

Et pour qui réfléchit, il faut que cette transition existe : elle est nécessaire et salutaire (1).

Car, en effet, pendant ce temps, les caractères mal trempés, les esprits faibles abandonnent la lutte ; l'épuration se fait, les convictions se tassent dans un acte de foi plus ardent, les cœurs grandis, préparés à toutes les épreuves comme à toutes les souffrances s'apprêtent à la lutte sans illusions, mais aussi à l'abri de toute désespérance.

(1) Mais peut-être faut-il qu'il en soit ainsi ! Oui, tout cela est fatal. Dans l'instant de la fermentation, les fruits ne sont plus des fruits et ne sont pas encore des liqueurs (A. Scholl).

C'est cette période troublée, où tout apparaît indécis et chancelant, où il semble que les décisions perdent de leur énergie, les dévouements de leur grandeur, les actes de leur héroïsme, c'est cette période que nous traversons.

Ceux-là qui ne voient pas le pays agité par un magnifique élan d'espérance vers la justice et l'égalité sont aveugles ; ceux qui ne sentent pas battre l'âme du peuple à l'attente d'événements considérables appartiennent bien à cette race que Jupiter, la voulant perdre, rend folle.

Et pourtant les avertissements ne manquent pas. Partout l'ancien monde croule, découvrant à chaque nouvelle chute une ignominie plus grande, une injustice plus criante. De tous côtés, l'ancien édifice se lézarde, laissant transpirer au dehors les souffrances des déshérités, des petits et des humbles ; tandis qu'enivrés de leur bêtise et de leur orgueil, les privilégiés étalent plus insolentes, plus éclatantes, les jouissances de leur luxe et les atrocités de leur exploitation.

Aux remontrances et aux conseils des habiles qui leur demandent de sacrifier quelque chose pour apaiser la bête hurlante, ils répondent comme la duchesse de Montpensier : « Ils n'ont pas de pain ? Qu'ils mangent de la brioche ». Et leur rire cynique double ainsi l'injure de leur bonheur injustifié (1).

A ceux qui leur montrent la terre ébranlée sur ses bases, le flot de laves déjà débordantes, nouveaux convives de Pompeï vautrés dans l'orgie, ils répondent par des ricanements et commandent aux esclaves d'apporter des roses et d en ceindre leur front (2).

Est-ce donc une fatalité qui veut que les réformes n'arrivent que par à coups ? L'histoire semble le démontrer et l'égoïsme humain prendre à tâche de le rendre inéluctable.

Il n'en reste pas moins que la Société est en pleine décomposition et qu'un état de choses si contraire à la justice ne peut se perpétuer. Les revendications du prolétariat des champs ou de la ville se font plus pressantes et plus énergiques.

Eternelle victime, il faudra bien que sa voix soit entendue, son ordre obéi !

Dès qu'on a pu examiner notre organisation

---

(1) Si la fraction de la bourgeoisie qui détient aujourd'hui le pouvoir ne sait pas elle-même arracher ces abus, elle sombrera, comme toutes les castes qui ont eu plus de goût pour la domination que pour l'intérêt public (E. DEMOLINS : *Nécessité d'un programme social*).

(2) Ils buvaient, ils mangeaient, ils faisaient l'amour, et les grandes eaux du déluge les surprirent dans les bras des femmes (*Bible*).

sociale, peser à la balance du droit ses iniquités, on a vu l'impasse d'infamie et de mort où elle aboutissait, et, de ce jour, elle a été condamnée.

L'anéantissement dernier au milieu des ruines ensanglantées ou le retour à un idéal de droit et d'humanité, on ne peut échapper à cette alternative. Les vieux partis ont donné leur mesure : avec une patience, qui lasserait les siècles, ils attendent tout du temps.

Seul le parti socialiste veut et agit. Plus rapproché de l'homme, plus dégagé des abstractions, ce n'est pas seulement à des vœux stériles et à des résolutions éternellement ajournées qu'il limite son effort. La vie des siècles est infinie, celle de l'homme est limitée. et, comme c'est pour l'homme qu'il travaille, il se hâte vers les solutions.

Aussi c'est à lui que demain appartient. Déjà, on voit poindre à l'horizon l'aurore lumineuse de la révolution justicière, et, devant elle, se dissipent les ténèbres pestilentielles où nous traînons notre impuissance et nos désespoirs.

## III

Quelles que soient les arguties savantes des avocats de la réaction et leurs calomnies habilement répandues, le socialisme fait son chemin.

Il est bien entendu qu'il s'agit ici de toutes les écoles. Toutes jouent un rôle bienfaisant dans la lutte contre le vieux monde, en remuant des idées, et en sollicitant l'attention du peuple sur l'organisation de l'avenir. Unies dans la critique de la Société actuelle, elles servent puissamment à montrer combien criminelle et antinaturelle est cette Société.

Petit à petit, leur philosophie toute de pitié pour les faibles, d'amour pour la justice, pénètre les masses profondes ; et ce n'est déjà plus un sentiment de peur, mais bien une espérance joyeuse qu'éveillent chez tous les opprimés, paysans ou ouvriers, les victoires du parti socialiste.

Ce n'est pas que ceux-ci s'enflamment pour telle ou telle tactique, et qu'ils espèrent en l'action parlementaire. Plus simplistes ou moins naïfs, ils se rendent bien compte que les combats de tribune n'arracheront rien à l'égoïsme bourgeois.

Mais là, au moins, dans cette lutte quotidienne, peut se démontrer solennellement la logique et la raison de la doctrine. Ce choc d'idées — dont les unes s'éclairent de la lumière de la vérité et dont les autres sont un retour aux temps condamnés dont on a pieusement conservé le souvenir — ce choc d'idées fécondes diminue les hésitations, ruine les préjugés, ferme les craintes, relève les courages, enflamme les enthousiasmes.

Les cœurs se réchauffent, leurs battements s'accélèrent quand, plus répandue, plus connue, plus à la portée de tous, ils voient la doctrine sainte ; car dans le voisin déjà ils pressentent un adepte.

On ne peut le nier, l'infiltration socialiste est faite dans le pays ; la propagande s'étend par le moindre fait divers éclairé à la divine lueur de la critique scientifique.

Le peuple se sent vivre ; il tâte ses bras. Et déjà l'Eglise souffrante est devenue l'Eglise militante ; demain elle sera l'Eglise triomphante.

## IV

Alors les gouvernants de répondre : Le peuple, il se soucie peu de tout cela, puisqu'il envoie des représentants qui approuvent tous nos actes!

Plaisante réponse en vérité et lumineux argument.

D'abord le peuple est-il représenté en fait et peut-on dire que le parlement donne la note exacte de l'opinion et reproduise fidèlement sa pensée ?

Oh ! je sais bien que le suffrage universel est sujet aux erreurs, et combien grossières parfois. Mais le plus souvent c'est sa confiance qui est surprise. Ce n'est rien de nouveau que l'élu oubliant au lendemain du succès les promesses de la veille. Il n'y a qu'à relire le rapport de Barodet sur les engagements électoraux et à comparer avec les votes émis par les députés ; on trouvera là de précieux enseignements.

D'un autre côté, les abstentions sont presque aussi nombreuses que les suffrages exprimés : un tiers au moins ; tellement augmente la confiance au régime parlementaire ! Et dans ce détachement excessif du choix des candidats, ceux qui s'obstinent à voter, le peuvent-ils faire tout au moins pour un homme de leur choix, résumant avec certitude la moyenne de leurs volontés ? L'affirmer serait enfantin.

Outre les mœurs électorales déplorables qui, dans de nombreux collèges, interdisent la candidature aux pauvres, que de pressions, d'influences, de compromissions et d'abus, tant des particuliers que du gouvernement, viennent fausser la signification de l'élection !

Il faut bien reconnaitre qu'une part de responsabilité incombe aux électeurs. Tant d'expériences ont démontré l'impuissance du parlement à changer le régime d'arbitraire qui est le nôtre, et son incapacité à réaliser une réforme quelconque, qu'ils ont fini par ne plus réclamer aux élus que des services particuliers.

Les demandes de place abondent et aussi celles de protection pour toutes choses et dans tous les cas. Ajoutez à cela l'influence du milieu, les fréquentations démoralisantes de couloir, le formalisme du règlement des chambres, les chinoiseries de notre constitution. Il y a là de quoi promptement désabuser et décourager les meilleurs, ceux qui arrivaient avec les intentions les plus pures. Mais comme ils sont hommes, qu'ils désirent conserver leur siège, ils finissent par se résoudre à n'être plus que les intermédiaires entre les faveurs ministérielles et les désirs de leurs agents électoraux.

Que devient l'indépendance de ces maîtres qui sont descendus à se faire solliciteurs ?

Peut-on dire que l'on trouvera chez eux l'expression de l'opinion publique ? Il faut avoir la naïveté inconsciente d'un ignorant ou l'audacieuse habileté d'un dirigeant pour le soutenir.

Mais, laissant de côté toutes les considérations qui précèdent, l'argument des gouvernants en est-il meilleur ? L'exemple de l'histoire suffit pour en montrer l'inanité.

Dans sa Galerie du XVIII° siècle, Arsène Houssaye — pas un révolutionnaire, n'est-ce pas ? — est amené à dire en examinant l'état des esprits à la veille de la Révolution : « On croit avoir beaucoup dit en affirmant que le peuple français ne voulait point alors d'une révolution religieuse. Cela est vrai si on regarde à la masse. Rien n'était changé dans les habitudes de la nation ; mais les grands mouvements dont l'humanité s'applaudit n'ont jamais été prévus, encore moins consentis la veille par la multitude.

« Les révolutions sont filles de l'imprévu. Personne ne les veut, tout le monde les fait. Les uns apportent l'énergie de la volonté qui défie tous les obstacles, les autres leur prêtent la force d'inertie. »

Ceci est encore d'actualité, avec cette différence pourtant que, l'instruction étant plus répandue, les cerveaux y sont plus aptes et qu'ils sentent mieux et davantage.

De plus, il y a tout un parti puissamment constitué à l'heure actuelle, auquel ne font défaut ni le talent ni le courage, qui sait ce qu'il veut et où il va, et qui, apportant « cette énergie de volonté qui défie tous les obstacles », peut aider efficacement aux événements.

Les changements si nombreux dans les formes du gouvernement interrompant la monotonie des faits, déshabituant le peuple de la longue coutume d'un pouvoir séculaire, ont transformé la force d'inertie. De patiente et presque insouciante qu'elle était au XVIII<sup>e</sup> siècle, elle est devenue d'opposition et d'aspiration vers l'avenir.

L'idole monarchique qui inspirait une sainte terreur a été touchée au front et les craintes se sont évanouies. Le peuple s'est vu à l'œuvre, il a eu conscience de sa force et il s'est pris à croire qu'il pouvait par lui-même présider à ses destinées.

Est-il possible de croire que les transformations de ce siècle n'aient apporté aucun enseignement dans la raison populaire ?

Eh quoi ! toutes les formes de gouvernement ont été essayées ; toutes ont exercé une autorité également oppressive et également tyrannique ; toutes ont accru, plus lourde et plus écrasante, la puissance de la bourgeoisie capitaliste ; l'exploitation du prolétariat a été de plus en plus un moyen de gouvernement, *instrumentum regni* ; et ces expériences auraient été vaines ?

Aussi, bien qu'à l'état latent encore, l'esprit de révolte est dans tous les cœurs. On hésite encore, mais par crainte, non par amour.

« Or, il en est des liens politiques comme des liens de la passion humaine. Tout-puissants et légers tant que dure l'illusion, ils deviennent une lourde chaîne quand le charme est rompu. Les peuples ne sont pas faits autrement que les individus. On les accuse d'inconséquence en les voyant brûler ce qu'ils adoraient la veille ; mais cette inconséquence n'est-elle point au contraire le réveil de la raison ?

« Quand les nations sont désillusionnées du pouvoir, les lois et la force peuvent les ramener quelque temps encore à la soumission ; rien ne les ramène plus à l'obéissance » (1).

Qui osera soutenir que l'illusion est encore possible ? Le charme est bien rompu. Aucun acte du pouvoir ne peut plus ramener la confiace à ceux qui depuis si longtemps en abusent.

## V

Il faudrait d'ailleurs supposer au peuple par trop d'inconscience pour croire qu'il ne voit pas clair dans le jeu des dirigeants. N'est-ce pas hier que l'un d'eux faisait l'apologie de l'esprit nouveau, et ne cherchent-ils pas tous à nouer d'étroites relations avec la cour de Rome ?

Au cours de leurs voyages, de jeunes bourgeois, anciens ou aspirants ministres, flirtent avec les prêtres et les évêques. C'est leur savonnette à vilain que ce galant commerce. Ils espèrent recueillir, par cette soumission devant l'éternel ennemi de la Révolution, comme un parfum de bonne compagnie : « C'est nous maintenant qui sont les princesses... »

---

(1) Arsène Houssaye. *Loc. cit.*.

Aux avances de l'Eglise le peuple, lui, ne s'est jamais laissé tromper, et il a toujours protesté de sa méfiance. Ce n'est pas seulement parce que de tous temps l'esclavage, le privilège, la réaction ont été la conséquence de l'influence religieuse dans les conseils du gouvernement qu'il l'a combattue en ennemi déclaré.

Ce n'est pas non plus la triste tradition de l'histoire lui disant ses pères asservis aux prêtres, accablés de besognes et de corvées pour entretenir leur luxe ; ce n'est pas le souvenir de l'Inquisition fomentant les guerres religieuses, épuisant les tortures, allumant les buchers (1) pour asseoir plus implacable l'autorité du maître ; ce n'est pas la honte de la Sainte-Barthélemy où, lâchement dans la nuit, avec la bénédiction des pontifes, on égorgeait ceux qui réclamaient le libre examen et la libre discussion; ce ne sont pas les atrocités des dragonnades imposées à la religiosité (2) timorée de

---

(1) En Espagne seulement, dans l'espace de 339 ans, 34,658 Espagnols ont été brûlés vifs par l'inquisition, 18,049 brûlés en effigie, sans compter 288,214 qui ont été condamnés aux galères ou à la prison perpétuelle, et plus de 200,000 qui, pénitenciés et condamnés à porter le *san benito* pour un temps ou à perpétuité, ont été déshonorés jusque dans leur postérité. (M.-V. Féréal, d'après Llorente : *Histoire de l'Inquisition; Histoire de la Révolution d'Espagne, 1829.*)

(2) Cette religiosité était poussée au dernier point. D'après

Louis XIV par un confesseur jésuite, si complaisant pourtant pour les fautes du roi tout-puissant qu'on l'appelait: « La chaise de commodité » — non ce n'est pas tout cela qui a fait la haine du peuple.

Il a vu plus haut et plus loin. Il a pu pardonner les crimes passés ; ce qu'il ne peut oublier, c'est que le principe religieux est en contradiction formelle avec le principe de la Révolution ; l'un et l'autre sont inconciliables.

Entre la Révolution qui éclaire son avenir d'espérances de liberté, de relèvement de la dignité humaine ; qui veut les hommes affranchis de tout lien, qui prêche l'amour et la solidarité et l'Eglise qui, au contraire, asservit les consciences, abaisse l'humanité, prêche le châtiment, l'humiliation, le renoncement de soi-même, il fallait choisir et, dans la haute fierté de son cœur, le peuple n'a pas hésité.

Ce qu'il voit clairement aujourd'hui, la générosité de son instinct le lui avait fait entrevoir à travers les âges. De là, cette longue résistance si puissante que, malgré la violence des persécutions, l'Eglise n'a pu complètement déraciner certains préjugés, certaines superstitions parti-

le journal de Dangeau (26 déc.) « Le major du palais déclara que le roi lui avait ordonné de l'avertir de tous les gens qui causeraient à la messe. »

culières et que, souvent, ne les pouvant chasser, elle a dû faire siens certains cultes, cérémonies et dieux du paganisme.

Et pour répondre à cet état d'esprit du peuple, il faut bien hélas! le constater à la honte des politiciens qui nous dirigent, jamais, à aucune époque, aucun gouvernement français n'a supporté à un pareil degré l'ingérence du Clergé dans ses affaires.

Saint Louis, qui fit deux croisades, garantissait bien autrement dans sa pragmatique sanction l'autorité du pouvoir civil que ne le fait notre concordat qu'on s'obstine à ne pas vouloir dénoncer ; Charles IX, l'auteur de la Saint-Barthelémy, le Pape faisant des difficultés pour accorder les dispenses nécessaires au mariage de sa sœur Marguerite de Valois avec Henri IV, alors protestant, s'écriait : « Si le Saint-Père refuse, je prendrai ma sœur Margot sous le bras et j'irai la marier en plein prêche (1); Henri IV le converti, « Paris valant bien une messe, » fit l'édit de Nantes qui assurait la liberté de leur culte aux protestants ; Louis XIV, l'égorgeur des Camisards, le voleur d'enfants protestants pour les convertir de force, le révocateur de cet Edit de Nantes, exige des excuses

---

(1) Mérimée : *Chronique du règne de Charles IX.*

du Pape (1); Napoléon, qui fit le Concordat, retient Pie VII prisonnier, le soufflète, dit-on, et le jour de son couronnement lui arrache violemment des mains la couronne pour la mettre lui-même sur sa tête (2).

Ce n'est certainement aucun de ceux-là qui eût accepté l'intromission d'une diplomatie étrangère, fût-elle d'un pouvoir spirituel, dans les affaires de son royaume. Il fallait la superbe niaiserie des fantoches qui nous gouvernent pour se glorifier d'une pareille insolence.

(1) 1662. Les Corses du pape ayant insulté le duc de Créqui, ambassadeur de France, le pape fut obligé de faire réparation au roi de France. Il envoya à cet effet le cardinal Chigi; les Corses furent bannis à perpétuité de l'État ecclésiastique et on éleva une pyramide vis-à-vis de leur ancien corps de garde, avec une inscription qui contenait les articles de la satisfaction.

(2) Narré historique de ce qui s'est passé à l'audience que S. M. l'empereur et roi a daigné donner à Bréda, dans la salle du Barreau de la Cour de Justice, le 6 mai 1810, d'après *Les Débats* du 5 mai 1895.

Se tournant vers le clergé catholique romain :

. . . . . . . . . . . . . . . . . . . .
. . . . . . . . . . . . . . . . . . . .

« Imbéciles que vous êtes ! Si je n'avais pas trouvé dans la doctrine de Bossuet, dans les maximes de l'Église gallicane, des principes analogues aux ariens; si le Concordat n'avait pas été accepté, je me serais fait protestant et 30 millions de Français auraient suivi mon exemple le lendemain. »

. . . . . . . . . . . . . . . . . . . .
. . . . . . . . . . . . . . . . . . . .

Le peuple, plus digne que ses gouvernants, a ressenti l'insulte, et cela, aussi, s'ajoute aux justes griefs qu'il accumule contre le présent.

L'esprit de l'Eglise est un esprit de renoncement à l'action, une sorte de mort par avance ; la condamnation de la chair ; l'anéantissement toujours plus grand de la volonté, la foi aveugle devant remplacer la raison agissante ; le détachement absolu de toute humanité jusqu'à la soumission avilie ; la faute dépassant les coupables pour s'étendre à tous les descendants ; l'inuti-

---

« Les Anglais ont eu bien raison de se séparer de vous ; ce sont les Papes qui, par leur hiérarchie, ont mis l'Europe à feu et à sang. Vous voudriez bien de nouveau élever des échafauds et des bûchers ; mais je saurai y mettre ordre. Êtes-vous de la religion de Grégoire VII ? Je n'en suis pas. Qui est Grégoire VII ? Vous ne le savez pas. Êtes-vous de la religion de Boniface, de Benoît XIV, de Clément XII ou d'un autre Pape ? Je n'en suis pas. Je suis de la religion de Jésus-Christ, qui a dit : — Rendez à César ce qui est à César, et, suivant le même Evangile, moi, je rends à Dieu ce qui est à Dieu. Je porte le glaive temporel (frappant sur son épée), je saurai le maintenir. C'est Dieu qui élève les trônes ; ce n'est pas moi, c'est Dieu qui m'a placé sur mon trône, et, vous, vermisseaux de terre, voudriez vous y opposer ! Je ne dois rendre compte de ma conduite qu'à Dieu et à Jésus-Christ seul, et pas à un Pape. Croyez-vous que je sois un homme fait à baiser les mules d'un Pape ? Si cela ne dépendait que de vous, vous me couperiez le nez, vous me couperiez les cheveux, vous me tondriez, vous me jetteriez dans un couvent comme Louis le Débonnaire, ou me reléguerez en Afrique. Ignorants ! Imbéciles ! »

lité des actes, des vertus personnelles sans la grâce.

Seul le bon plaisir de Dieu fait les élus, seul il crée le mérite et le droit. Nul n'y échappe. Les enfants, les morts-nés eux-mêmes sans le rachat du sacrement sont voués à l'enfer (1).

Et rien pour guider l'homme dans une voie droite. L'Evangile lui-même se dérobe, écrit en paraboles pour « qu'il voie sans voir, entende sans entendre (2) » et « de peur qu'il ne se convertisse et que ses péchés lui soient remis (3) ».

Atroce doctrine, infâme philosophie dont découle pourtant tout le système de domination de l'Eglise. Le mythe du péché originel, qui rend tous les hommes coupables du péché d'Adam, asseoit fortement la puissance du prêtre.

C'est la doctrine immuable de l'Eglise, sa leçon nettement établie (4). Rien ne sert que la volonté de Dieu (5). L'évangile des ouvriers de la onzième heure et la joie plus grande pour un

---

(1) Noris dit qu'ils seront chauffés seulement, et pour cela il est traduit devant l'Inquisition. (MICHELET).

(2) Saint Jean.

(3) Saint Marc.

(4) Saint Augustin : C'est la ferme foi de l'Eglise.

(5) On n'entend rien aux ouvrages de Dieu, si on ne prend pour principe qu'il a voulu aveugler les uns et éclairer les autres (PASCAL).

pêcheur qui entre au paradis que pour cent justes sauvés devrait bien avertir les quelques imbéciles qui ont encore la foi du charbonnier.

C'est de cette idée de la grâce nécessaire et plus encore de l'éternité d'opprobre du péché originel que les prêtres ont fait l'instrument merveilleux de tyrannique inégalité dont, jusqu'à nos jours, a peiné et souffert l'humanité.

En effet, les heureux de ce monde étant déjà les préférés et les choisis de Dieu sur cette terre, ce serait aller à l'encontre des volontés célestes que de lutter contre eux.

De même, le travail ayant été imposé pour punir la faute du premier homme, ceux qui sont astreints au travail pour vivre doivent être les inférieurs des riches ; la continuité de la peine les rend plus indignes que ceux pour lesquels elle a été suspendue.

Abominable crime, affreux blasphème ! le travail représenté comme la marque déshonorante du châtiment ! Combien coupables les inventeurs de pareilles doctrines ! Il ne suffisait pas que le plus grand nombre fut accablé, brisé par les durs labeurs journaliers ; il fallait encore que ce labeur fut noté d'infamie !

Avant la prévarication d'Adam, l'homme vivait dans l'oisiveté et c'est par punition qu'il dut gagner son pain à la sueur de son front. Le travail est donc incontestablement la perpétuité de la punition, la tare persistante du crime non pardonné.

Tout autre est l'esprit de la Révolution. Il établit la vertu de l'action, redonnant ainsi la vie à l'homme ; il glorifie et exalte l'humanité ; il veut le relèvement de la dignité et de la conscience par la suprématie de la raison ; à la foi stupide il substitue l'expérience ; la pensée qui sauve remplace le mot qui tue ; affranchi, libéré de l'autorité oppressive, le citoyen naît de l'exercice de sa pleine liberté ; la responsabilité des actes est personnelle (1), d'eux seuls dépendent la grandeur ou l'abjection de l'individu.

Plus de grâce, plus de bon plaisir; le droit égal pour tous. Et, pour se guider, le sentiment élevé de solidarité qui assure le respect de tous dans la communion fraternelle de l'Egalité.

Au lieu de condamner le travail, de le flétrir, la Révolution l'anoblit ; elle établit que ceux-là seuls qui produisent ont le droit de vivre, et, loin de regarder les oisifs comme des élus, elle enseigne le mépris de l'oisiveté ; elle veut supprimer les parasites, et rêve d'une organisation où nul ne pourra être inutile ou inactif.

---

(1) Au mois de février 1890, l'Assemblée nationale abolit la doctrine du mal héréditaire. Elle décide, à propos de la condamnation des frères Agasse, que l'échafaud ne flétrira plus ni les parents ni les enfants du coupable.

2.

C'est pour cela qu'elle combat avec tant d'âpreté et de force le système capitaliste ; l'Eglise au contraire doit le soutenir sous peine de renverser la pierre angulaire de son édifice.

Aussi pas d'alliance possible entre les aspirations populaires et la loi féroce du christianisme.

C'est seulement par la liberté entière, la liberté absolue, la liberté surtout et avant tout que le peuple pourra conquérir les réformes de justice sociale.

Au lieu de cela, l'Eglise veut restaurer l'autorité intangible et indiscutée ; dès la naissance de l'homme elle le fait serf du péché héréditaire et, s'il veut échapper aux conséquences de ce péché, elle l'enchaîne dans sa loi et ses pratiques, sans qu'il puisse raisonner ni même penser, mais seulement croire.

De là l'antagonisme profond, irrémédiable. « Peut-on être libre avec des mœurs d'esclaves ?» a dit Michelet.

## VI

Mais, dira-t-on, il y a pourtant une école de socialistes chrétiens. Nous venons d'indiquer quel est absurdité de cet accouplement de mots. La duperie et le mensonge de la formule ne résistent pas à l'examen.

Parfois, il arrive à l'entrecroisement de deux voies qu'un voyageur en rencontre un autre. Ils échangent quelques paroles, puis continuent leur chemin et plus jamais leur route ne sera la même.

Partis de points différents ils marchent vers des buts opposés; leur rencontre d'un moment fut l'effet du hasard, et il ne viendra à la pensée de personne qu'ils cheminaient de conserve. Souvent même, à ce carrefour des routes, des querelles éclatent entre eux et ils peuvent disputer à qui passera le premier.

C'est là toute l'histoire des socialistes chrétiens; c'est sur une équivoque pareille qu'ils s'appuient lorsque, dans la campagne décevante et menteuse qu'ils mènent pour attirer à eux les populations, ils se réclament des quelques votes très rares qu'ils ont pu émettre en même temps que les socialistes purs.

Mais combien différents leur point de départ et l'objet de leurs réclamations ; combien opposé le but qu'ils se proposent.

Les socialistes chrétiens ne voient que la charité pour venir en aide aux malheureux, le concours bénévole et libre du riche; c'est le système de la grâce octroyée. L'inégalité est pour eux la loi fatale, l'irréfragable et inéluctable nécessité : « il y aura toujours des pauvres parmi vous ». C'est constater que la puissance des privilégiés de la race ou de la fortune est légitime, puisque c'est de leur bon vouloir seul que dépend le soulagement des infortunes et des misères des autres.

Au contraire, les socialistes non chrétiens proclament que le bien-être, l'égalité de justice, la possession de ce qui est nécessaire à la vie est le fait d'un droit, droit absolu pour tous, droit irrécusable et irrémissible. Ils repoussent la charité qui est dépendante de l'individu (1), qui est un fait de bonne volonté, et qui n'est pas la reconnaissance rigide d'un droit supérieur et indiscutable.

Les socialistes chrétiens veulent de plus en plus asservir l'homme à l'autorité spirituelle et temporelle; les autres le veulent de plus en plus affranchir moralement et physiquement. On voit d'ici la profonde antinomie, et combien irrépressible, entre les deux thèses. L'une relève l'homme en le faisant le maitre, l'autre l'abaisse en constatant son servage.

Quelque vaguement et habilement exposées que puissent être les théories des socialistes chrétiens, leurs actes sont, dans la pratique, for-

---

(1) La charité est considérée seulement ici comme moyen de réforme et de gouvernement, et nullement comme cet élan de fraternité et de solidarité sociales qui commandent le respect de tous.

cément contraires à leurs déclarations. Façonnés à l'autorité, ne voyant qu'en elle le salut ils ne se séparent jamais complètement du pouvoir, alors même que celui-ci les convie aux palinodies les plus évidentes.

Exposer les faits entraine le jugement.

Le bon sens populaire ne s'est pas laissé égarer par des déclamations qui cachent la tyrannie sous le masque de la bonté, et qui nient la justice en la subordonnant aux bons vouloirs de l'égoïsme.

## VII

Le peuple a compris, disions-nous plus haut, que c'est par la liberté entière, absolue, par la liberté surtout et avant tout qu'il pourrait arriver aux réformes sociales.

Mais ici il faut définir les termes. La vieille conception politique de la liberté est négative d'elle-même ; au sens philosophique c'est une entité, qui peut faire l'objet des spéculations de l'esprit, mais dont on ne peut comprendre la pratique, non seulement dans une société organisée, mais même dans le monde physique.

Robespierre disait que la liberté finit seulement là où elle détruit la liberté d'autrui. Mais cela même implique négation. Dans la signification métaphysique du mot, elle doit être en effet le droit de faire tout ce que l'on conçoit, tout ce qu'on désire : une seule entrave, un seul empêchement, et la voilà détruite. Les révolutionnaires l'avaient bien compris, quand ils proclamaient la fameuse trilogie par laquelle ils donnaient à la liberté, comme correctifs, la Fraternité et l'Egalité.

Ils furent impuissants à empêcher les empiétements et les attentats au droit d'autrui. Aussi, fut-on obligé de mettre la liberté en articles de loi comme si, par le fait même de cette codification, on ne supprimait pas sa condition essentielle qui est d'être en dehors de tout frein et de toute entrave.

Quels sont en eux-mêmes ces correctifs qui, dans la pensée des législateurs de 1789 devaient, en modifiant profondément les mœurs, rendre pratique la liberté, et arrêter les empiétements sur le droit d'autrui?

La Fraternité est faite de sentiment. Sa conception varie avec l'éducation de l'individu, le milieu dans lequel il se meut. On comprend combien différentes peuvent être les émotivités sensibles suivant les mœurs et les habitudes.

Les douleurs et les souffrances morales, par exemple, échapperont facilement à celui qui est accoutumé aux durs labeurs, aux écrasantes besognes. Quelle que soit sa bonté native, l'excellence de ses qualités de cœur, il ne concevra son devoir de fraternité que sous la forme d'assistance ou de secours matériels.

La Fraternité devient dans ce cas presque synonyme de charité. Aimer son prochain est bien, mais est-ce suffisant? L'aimer comme soi-même semble donner une mesure; mais y a-t-il là de réelles garanties de justice? En tous cas il ne ressort pas de ce précepte le respect absolu de l'individu dans toutes les manifestations de sa volonté.

C'est précisément sous ce prétexte d'aimer le peuple que le législateur, se prétendant plus éclairé, base son droit d'intervenir. De là la nécessité d'une autorité; pour ceux qui ne veulent pas aller au fond de la question, les sauveurs, les pasteurs des peuples deviennent utiles et leur fatalité s'impose.

Où sera la liberté dans tout cela? De conséquence en conséquence, de contradiction en contradiction, elle ne cesse plus seulement où commence la liberté d'autrui, mais elle n'a plus désormais pour se mouvoir que le terrain étroit que lui concède l'autorité.

Quelle décevante conclusion et quel sujet de découragement pour le peuple!

Cette fraternité étroite, toute individuelle, de bon vouloir, de gracieux octroi est plus que

.imitée dans son action utile. Elle pourrait être pourtant une des conditions du bonheur humain, si on la comprenait en dehors de cet individualisme objectif et subjectif qui paralyse son effet. Acceptée comme le devoir commun à tous, s'exerçant envers tous, chacun donnant et recevant à la fois, elle assurerait alors, non plus un secours momentané et bénévole, mais un soutien continu et légitimement dû. Ainsi seraient garanties le possibilité et la sécurité de la vie basées sur la justice, ce fondement de l'harmonie sociale.

Au sens propre du mot, l'Egalité, elle, apparait comme une chimère anti-naturelle sur laquelle la raillerie facile a beau jeu de s'exercer. Et cependant, quoi de plus possible et aussi de plus juste, si on l'entend du respect de chacun dans la pratique de son droit et la satisfaction de ses besoins ?

De plus, elle doit être considérée non comme un correctif, mais bien comme une nécessité de l'existence de la liberté. Que serait en effet la liberté sans l'égalité? Amère plaisanterie qui laisserait libre de se battre avec un enfant non encore arrivé à l'adolescence un homme dans la plénitude de la force et du développement! L'égalité est donc une des fonctions de la vie normale.

Quand sortant de l'état primitif, les hommes

se réunirent pour l'exploitation moins pénible, plus profitable, plus rationnelle des produits de la nature, ils se répartirent pour le bien commun selon leurs aptitudes, leurs forces, leur intelligence.

Mais à ce début des sociétés, la vie de l'homme était purement physique, son concept n'était pas de beaucoup supérieur à celui des animaux, la seule loi était la satisfaction des besoins matériels, aussi fut-il facile à quelques-uns d'entr'eux plus adroits, plus courageux, meilleurs observateurs des phénomènes de la nature d'exagérer leur rôle et leur utilité. De là la conquête de conditions meilleures et l'usurpation possible du pouvoir, faible d'abord, mais qui, par la croyance continue en une mission providentielle, en arrivait promptement à l'abus de l'autorité et au despotisme.

Le fait de l'établissement de conditions inégales entre les hommes entraînait fatalement la perte de l'indépendance.

Longtemps les penseurs ont été retenus par ces difficultés. La Liberté, l'Egalité, comme tous les absolus, leur paraissaient une pure théorie, un jeu de l'esprit, un paradoxe trompeur. Puis, peu à peu, l'étude et la réflexion les ont amenés à concevoir un état social composé de nombreuses parties dont les fonctions, quoique diverses, étaient nécessaires également à la conservation et à la bonne marche du tout. Et cela compris, il en dérivait, par une loi fatale, que chacune de ces parties ne saurait désirer que ce qui concordait au but commun.

Quoique leur utilité soit égale, qu'elles s'équivalent, elles n'en conservent pas moins leur autonomie. De la divergence même de leurs fonctions naît la nécessité d'appétits et de besoins différents.

C'est seulement dans une organisation mauvaise, reposant sur des principes faussés que ces besoins peuvent se confondre et se contrarier. Dans un état normalement établi, ils ne peuvent se gêner ni se contredire en rien. Dès lors la liberté existe entière, absolue, sans jamais détruire la liberté des autres puisque leur différence même amène des appétences diverses.

Cette conception si consolante et d'une moralité si élevée constitue la solidarité. Elle donne l'explication rationnelle de la devise républicaine. Ainsi compris et définis, ses termes ne doivent plus être pris comme des correctifs mais, au contraire, comme des corollaires indispensables ; ils forment un ensemble rayonnant de belle et sereine justice. Le génie de nos pères l'avait entrevu ; il appartenait au parti socialiste d'en dégager la signification véritable et la haute portée.

Les antagonismes de groupe à groupe qui croyaient la terre trop petite pour eux ont disparu. La nécessité des relations communes pour la meilleure utilisation de leurs forces et l'augmentation de leur bien-être est devenue évidente.

Pour l'individu, l'État, la Nation, doit exister la liberté entière, absolue, de vivre à sa guise. De là l'impérieuse nécessité qu'une puissante solidarité les unisse et soit établie dans le pacte universel.

L'équivalence de fonctions, différentes mais concourant au but commun, établit sans contestation raisonnable possible l'égalité des droits. Et cela entre les individus comme entre les nations.

C'est dans la notion exacte et la pratique consciente et respectueuse de ces principes que se trouve la norme de la prochaine Révolution.

Ne sent-on pas que cette vérité est devenue éclatante pour tous, lorsque, partout, au cri du peuple acclamant la révolution sociale vient s'ajouter le verbe « internationale » ?

Quand l'éducation socialiste et la forte intelligence de son idéal gouverneront le monde, plus besoin d'autorité ; seul le sentiment du devoir guidera les hommes, car l'accomplissement de ce devoir sera la résultante de l'exercice de leur liberté.

Chacun le maître de son individualité, et tous maîtres, dans le concept commun, des besoins du groupe, où, rouages différents mais également indispensables, se réunissent ces individualités.

Au lieu d'être le lot d'un seul ou de plusieurs, le pouvoir appartiendra à tous. Il n'ira plus du centre à la circonférence, il ne partira plus d'en haut pour règlementer tout ce qui est au dessous, mais il s'élèvera de partout dans un hymne superbe d'harmonie et d'amour.

## VIII

Les adversaires déclarés du parti socialiste haussent volontiers les épaules quand on leur parle de changements prochains et profonds dans l'organisation de la Société. Disciples de Pangloss, ils trouvent que tout est pour le mieux dans le meilleur des mondes. C'est que leur situation les a toujours mis à l'abri des misères et des souffrances sociales. C'est que la possession de la fortune, le sentiment étroit d'égoïsme qu'elle fait naître, a fermé leur cœur.

« Ils n'ont jamais connu, sans doute, ce supplice amer qui consiste à souffrir de la douleur des autres, à se dire dans les instants où l'on se sent le plus heureux : en la minute même où j'éprouve cette joie, il y a des milliers d'êtres qui pleurent, qui gémissent, qui subissent des tortures ineffables.... il y a de pauvres filles abandonnées qui serrent sur leur poitrine l'enfant dont les cris leur demandent un lait tari, hélas ! il y a des tisserands glacés et blèmes qui, sans le savoir, tissent leur linceul ! » (1).

Aussi toutes les revendications prolétariennes leur apparaissent comme les vaines déclamations de pernicieux fauteurs de désordre, contre lesquels il est facile de réagir. La Société ne dispose-t-elle pas de l'autorité et de la force ? Qu'elle en use donc et tout rentrera dans l'ordre.

Et puis la difficulté du travail toujours plus grande, par la concurrence de la machine, suffira pour retenir les ouvriers. La conquête du pain nécessaire à la famille devient chaque jour plus pénible ; cela doit avertir les ouvriers que la soumission est nécessaire. Car c'est de la bienveillance seule du patron qu'ils peuvent attendre et espérer quelque soulagement à leur situation ; ils ont donc tout intérêt à ne pas s'aliéner cette bonne volonté (2).

(1) A. Scholl. *Scandales du jour.*
(2) Il ne faudrait pourtant pas trop s'y fier. La *Justice* du 14 mars 1895 nous en donne un exemple: « Des patrons comme vous justifieraient toutes les plaintes des ouvriers. » C'est un

La peur du chômage et de la faim suffira pour les ramener au devoir.

C'est toute la doctrine de Malthus. « Un homme que sa famille n'a pas le moyen de nourrir et dont le travail n'est pas demandé par la Société, n'a pas le moindre droit à réclamer une portion quelconque de nourriture... Si sa famille et lui sont préservés de mourir de faim, ils ne le doivent qu'à quelque bienfaiteur compatissant, qui, en les secourant, désobéit aux lois de la nature » (1).

L'autorité oppressive et la cruelle faim, voilà donc sur quoi comptent nos adversaires. Que vaudront-elles pour étouffer les malédictions et les plaintes de ceux qui tombent meurtris et

---

magistrat, le président de l'une des chambres correctionnelles du tribunal de la Seine qui, hier, adressait cette semonce à un patron.

M. P......., baleinier, avait commencé par payer ses ouvrières 1.50 par jour. Puis trouvant que c'était encore trop, il les avait mises aux pièces. C'était lui qui fournissait la baleine et l'ouvrage fait était payé au poids.

Un jour, une ouvrière, une gamine, — c'est curieux les petites filles — aperçut quelque chose sous les poids qui servaient à mesurer l'ouvrage. Ce quelque chose c'était tout simplement une masselotte de plomb qui faussait les poids. Grâce à cette petite combinaison, M. P...... gagnait 65 grammes par kilo. Tout l'atelier fut bientôt au courant et l'on porta le poids au commissaire de police.

(1) Malthus. *De la population*.

blessés à mort dans la bataille de la vie?

Ce qui fit la force du Christianisme naissant, ce fut précisément cet amour des faibles et des malheureux qu'il prétendait professer. L'influence si grande qu'ont exercée les poètes à différentes époques s'explique par ce fait que « toutes ces douleurs des autres, tous ces pleurs inconnus, toutes ces plaintes si faibles, tous ces sanglots qu'on ne pouvait pas entendre, le poète les amasse et il en souffre » (1).

Avec la science, la justice sereine et le désintéressement en plus, « le socialisme est une religion et une poésie. Le socialiste est un poète en prose, un poète qui fait des chiffres, il compte toutes les plaies de l'humanité et il en souffre ; il additionne les martyrs de la misère et de la souffrance et il porte leur deuil » (2).

C'est donc raisonnablement sous son drapeau que se rangera le peuple, lorsqu'après les jours de lamentations et de larmes gronderont aux cœurs les puissantes colères du désespoir.

Quelles fragiles barrières que celles en qui les conservateurs mettent leur espoir et derrière lesquelles ils abritent leur sécurité! Si fragiles que, déjà, à l'heure présente, elles lui font défaut.

---

(1) A. Scholl. *Scandales du jour*.
(2) A. Scholl. *Scandales du jour*.

## IX

« Le bourreau, le soldat et le prêtre — dit un historien — sont les trois ministres éternels de l'autorité (1) ».

Les socialistes conséquents avec leur doctrine ont répondu en inscrivant dans leur programme : abolition de la peine mort, suppression des armées permanentes, séparation des Eglises.

Mais la bourgeoisie ne lâche pas prise ainsi et, pour assurer sa domination, elle a signé le pacte odieux avec la trinité qui, croit-elle, peut lui en garantir la paisible possession.

Il faut bien reconnaître que le bourreau a beaucoup perdu de son prestige et que son rôle est plutôt insignifiant. Joseph de Maistre n'écrirait plus aujourd'hui qu'il est le pivot de la Société.

C'est peut-être inquiet de cette décadence du bourreau, qu'il n'y a pas longtemps un journaliste, ancien fonctionnaire de la Commune, s'il vous plait ! — ces convertis n'en font jamais d'autres — demandait le rétablissement de la torture ; et que, dans une récente séance de la

---

(1) Hippolyte CASTILLE.

Chambre, un de nos bons législateurs opportunistes paraissait envisager le retour à la barbarie sans trop de répugnance (1).

Je ne crois point pourtant que l'on soit disposé à déférer à ces désirs charitables; il faut donc se résigner à voir de plus en plus diminuer l'importance du bourreau. Quelque restreint que soit son office, il ne le sera jamais assez.

Certes je ne m'attarderai pas à reprendre ici les discussions contre la légitimité de la peine de mort. Trop d'esprits généreux, de talents illustres depuis Beccaria (2) jusqu'à nos jours ont mené ce combat. Y revenir serait à la fois inutile et prétentieux.

Les sociétés ont le droit de se défendre contre tout ce qui pourrait amener leur destruction; elles ont le devoir d'assurer la sécurité de leurs membres et de garantir leur liberté dans l'exercice et la pratique de leurs besoins. C'est en cela que consiste le droit social. Mais qu'est-ce

---

(1) Compte-rendu de la Chambre des Députés. Mai 1894.

Le Rapporteur : S'il veut être logique, il ne doit pas se contenter du rejet de ma proposition; il doit demander le retour à l'application de l'art. 26 du Code pénal, tel qu'il était autrefois appliqué.

M. le comte du Périer de Larsan : Ce serait assez mon avis.

(2) L'homme n'ayant pas de droit sur sa propre vie n'a pu céder ce droit à la Société. (Beccaria.)

qui peut justifier la mission de justicier et de vengeur qu'elles s'arrogent?

Nul ne songe à leur dénier la faculté légitime de se protéger ; dans quelle notion supérieure peuvent-elles puiser celle de la vengeance et de la punition ?

Outre le caractère de faillibilité de toutes les créations de l'homme, elles ont encore — si on examine en stricte justice — une part de responsabilité qui, comme juges, leur impose la récusation.

D'ailleurs, qu'est-ce au juste que la criminalité ? Les investigations de la science nous montrent les criminels comme les victimes, la plupart inconscientes, de l'atavisme, des héridités diathétiques ou des conditions morbides de leur organisation physique; de là leur irresponsabilité ou tout au moins une responsabilité très atténuée. Les moralistes complètent cette opinion du criminaliste en faisant la part du milieu, de l'éducation, des difficultés d'une vie d'inégalité et de misères.

N'arrivera-t-on pas bientôt — comme cela s'est produit pour tant d'actes considérés comme des crimes et des délits, il y a quelques années encore (1), — à ne voir dans les cou-

---

(1) On ne voit presque rien de juste ou d'injuste qui ne change de qualité en changeant de climat. Trois degrés d'élévation du

pables que des malades, des détraqués, des pervertis qu'il faut éduquer, instruire, soigner, et non châtier?

Réprimer, châtier, punir! Quel souvenir de la barbarie du moyen âge! Quel relent d'ignorance et d'oppression sauvage! Punir le crime dont la société marâtre est presque toujours la première responsable, étrange ironie! Châtier le manquement à un pacte social non librement accepté mais arbitrairement imposé, cruelle tyrannie! Réprimer la transgression à des règles qui perpétuent la souffrance pour les uns, condamnent certains à d'effroyables privations, leur imposent d'effroyables tourments cependant que d'autres ne peuvent épuiser la possibilité du bonheur, absurde et criminelle folie!

La Société n'a pas ce droit; elle doit prévoir et s'organiser de telle sorte que, la justice s'étendant à tous, les spoliations, les extorsions, les abus que nous constatons ne puissent motiver ou excuser la faute. Mais tant que le droit égal à la vie, tout au moins possible, ne sera pas établi,

---

pôle renversent toute la jurisprudence. Un méridien décide de la vérité. *Les lois fondamentales changent. Le droit a ses époques.* Plaisante justice qu'une rivière ou une montagne borne, vérité en deçà des Pyrénées, erreur au-delà. (PASCAL.)— Le larcin, l'inceste, le meurtre des enfants et des pères, tout a eu sa place entre les actions vertueuses (PASCAL).

elle peut se garder et non punir. Juge et partie, elle ne saurait prononcer en équité.

C'était là l'opinion de tous les révolutionnaires et des philosophes du XVIII° siècle. Voltaire, Diderot, d'Alembert, Rousseau, Condorcet, Marat, Robespierre se rencontrent dans l'exposé de la même thèse sur le pacte social.

La loi, disent-ils, n'est respectable que lorsqu'elle est juste (1), la lutte est légitime contre la tyrannie et l'oppression.

Relisez la Déclaration des Droits de l'homme qu'invoquent sans cesse nos Gouvernants: « Le corps social est opprimé, quand une seule partie du corps social est opprimée », et la sanction qu'elle promulgue : « Quand le corps social est opprimé, l'insurrection est le plus saint des devoirs. »

On peut admettre que les dirigeants croient être en possession de la vérité et que l'organisation sociale qu'ils ont faite leur paraisse répondre au maximum de bien qu'ils pouvaient réaliser; cela établirait seulement leur bonne foi et pas

---

(1) La popularité que j'ai ambitionnée, et dont j'ai eu l'honneur de jouir comme un autre, n'est pas un faible roseau; c'est dans la terre que je veux enfoncer ses racines, sur l'imperturbable base de la raison et de la liberté; si vous faites une loi contre les émigrants, je jure de n'y obéir jamais! » (MIRABEAU, janvier 1791.)

autre chose qu'une présomption de justice. Les conditions de certitude manquent et, devant les changements chaque jour amenés par le progrès des idées, le sentiment des malheurs injustifiés de la masse, la critique ardente et convaincue de tant de penseurs, il faut bien reconnaître que leur conception est demeurée imparfaite.

La bonne foi de leur conviction peut leur donner le droit de se garantir, de se défendre ; mais l'incertitude du bien fondé absolu de cette conviction leur interdit celui de punir.

Ce sont là choses jugées et depuis longtemps élucidées par la science du philosophe : la tyrannie bourgeoise ne les contredira pas éternellement.

Ce n'est pas pour ceux qui nient ces vérités que ces lignes sont écrites ; ceux-là ne seront convaincus que par leur défaite.

## X

A deux reprises, la peine de mort dont on faisait déjà la critique avant et au début de la Révolution fut abolie en France, en 1830 et en 1848. Elle ne fut rétablie qu'au moment du triommphe des réactions despotiques, en 1832 et en 1850. Un décret de 1848 est demeuré pourtant abolissant la peine de mort en matière politique.

L'assemblée de 1848 devait montrer en juin quelle hypocrisie les mots peuvent cacher.

La peine de mort abolie en matière politique! mais n'est-ce pas toujours le vainqueur qui donne la qualification aux actes ? Et, aux temps troublés de notre histoire, on a toujours vu les insurgés vaincus assimilés aux criminels de droit commun.

Juin, décembre, mai avec leurs fusillades, leurs condamnations au bagne et à la réclusion sont là pour le démontrer. Puis les haines politiques ne s'arrêtent pas pour si peu qu'un décret ou une loi. Au bourreau, opérant au grand jour, elles savent substituer cet autre bourreau: un geôlier spécialement et soigneusement stylé, et la guillotine sèche remplace l'autre.

Les déportés de Cayenne, de Lambessa, de l'île des Pins peuvent en dire long.

Peut-être nous sommes-nous bien avancés en disant que la torture était abolie. N'est-ce pas une véritable torture physique et morale que celle que peut infliger la toute-puissance du juge d'instruction, seul avec le prévenu inhabile à la défense, paralysé par l'appareil de la justice et le maintien facultatif du secret ? Que dire aussi de ces pénitenciers militaires dont on parlait dernièrement et où la crapaudine, le silo, etc., etc., sont encore en honneur ? Que penser après ces scandales du bagne qui, malgré le silence complice du Gouvernement, finissent par arriver au jour ?

Empruntons au compte rendu des séances de la Chambre des extraits des discours de MM. Goblet et Humbert qui vont nous fournir la réponse :

« *M. Goblet.* — Une Commission de onze
« membres fut nommée dont M. Georges Perin
« était le président et moi le rapporteur. Cette
« Commission recueillit des renseignements,
« dépouilla des documents qui lui furent com-
« muniqués par le ministre de la marine, notam-
« ment une information judiciaire faite, sur
« l'ordre du Gouvernement, par M. Artaud,
« juge d'instruction en Nouvelle-Calédonie.

« La Chambre pourra y lire quels abus les
« surveillants font de leurs armes, malgré l'in-
« terdiction formelle de s'en servir hors le cas
« de nécessité. Elle verra notamment comment
« on tirait sur des condamnés, non pas
« seulement en cas de résistance, mais en cas de
« fuite, dans une tentative d'évasion connue de-
« puis la veille, et alors qu'on n'avait pour ainsi
« dire qu'à attendre à l'affût.

« La Chambre y apprendra qu'un déporté
« ivre, enchaîné dans sa cellule, ayant proféré
« des injures, cinq ou six surveillants tirèrent
« sur lui comme sur une cible : qu'un condamné

« ayant été soumis à la bastonnade, en présence
« des surveillants, on appliqua sur ses plaies,
« entre chaque coup de corde, des fers brû-
lants.

« La Chambre saura comment la poucette est
« employée pour faire avouer les condamnés,
« comment on applique le régime du courbari
« et on pratique le supplice de la crapaudine ;
« enfin la Chambre pourra juger de ce qu'un
« pareil régime a causé de morts, combien il a
« fait de fous, d'impotents.

« D'après une lettre d'un fonctionnaire de
« Cayenne, trois hommes en fuite, rattrapés par
« les surveillants, auraient été attachés à des
« arbres et laissés dans cette position jusqu'à ce
« que mort s'ensuive ; un surveillant aurait
« enduit de sirop de canne un condamné et l'au-
« rait suspendu au-dessus d'une fourmilière ; un
« homme aurait été attaché à la barre, frappé de
« coups de lanière et exposé aux feux du soleil,
« la peau à vif ; deux hommes auraient été en-
« terrés, respirant encore.

« Un homme pour avoir appelé « misérable
« brute » un garde-chiourme qui le frappait, est
« tué à coups de revolver ; enfin des chiens au-
« raient été dressés non seulement à poursuivre
« les condamnés, mais à les mordre sur un signal
« donné.

« Voilà les faits qui sont révélés par un fonc-

« tionnaire des colonies. Je sais que les bureaux
« prétendront qu'ils sont faux, mais je vais citer
« des documents qui ne sont pas contestables.
« Ce sont des lettres adressées au gouverneur
« général par des surveillants subalternes.

« Ces lettres signalent l'attitude d'un surveil-
« lant qui, non seulement tolère que les contre-
« maîtres frappent les condamnés, mais qui les
« frappe lui-même ; des transportés ont été mis
« aux fers et frappés. Le signataire d'une de ces
« lettres proteste contre ces actes indignes, mais
« il sait que ceux qui les commettent sont mis
« en garde contre les réclamations qui pour-
« raient se produire. Il s'agit notamment des bru-
« talités d'un surveillant nommé Petriani, qui a
« été l'objet d'une enquête.

« Enfin voici un des faits les plus graves et
« qui n'a pas été contesté, puisque M. Delcassé
« l'a puni. Par une lettre adressée le 5 octobre
« 1893 au directeur de l'administration péniten-
« tiaire de la Guyane, le commandant Casanova
« avisait ce fonctionnaire qu'il était en présence
« d'une tentative d'évasion ; un trou était percé
« à une cellule ; quatre individus étaient dési-
« gnés comme les auteurs principaux de la ten-
« tative.

« Mon avis, disait le commandant, serait de
« les laisser mettre leur projet à exécution et
« d'en débarrasser la société ; ou bien faudra-t-il

« prévenir la tentative d'évasion et faire fermer
« le trou ? »

« Qu'a fait cet officier ? Il a suivi sa première
« inspiration ; des gardiens ont été apostés près
« du lieu de l'évasion ; un des fugitifs a pu leur
« échapper, mais un autre a été tué.

« C'est donc que le directeur de l'administra-
« tion pénitentiaire l'a autorisé à tirer sur ces
« hommes.

« *M. Alphonse Humbert.* — En ce qui con-
« cerne les violences reprochées aux surveillants
« militaires, je ne crois pas qu'on puisse trouver
« une grande garantie dans les affirmations de
« l'administration pénitentiaire. En 1880, la
« Chambre nomma une commission chargée de
« faire une enquête sur des faits analogues. Les
« témoignages furent recueillis à Paris et à Nou-
« méa. Je fus entendu et le rapporteur déclare
« qu'il a le regret de constater que, dans bien des
« cas, les affirmations de M. Humbert sont au-
« dessous de la vérité.

« Cependant, l'administration connaissait les
« faits. Non seulement ils avaient été portés à
« la tribune de la Chambre par M. Perin, mais
« encore ils avaient été l'objet d'une enquête
« minutieuse de M. le commissaire de marine
« Boyer. Son rapport signalait que des con-
« damnés avaient été blessés et soumis à des
« supplices tels que certains d'entre eux avaient

« perdu trois doigts de la main à la suite de
« l'application des poucettes (*Exclamations*). Ce
« rapport était dans les cartons du ministère de
« la Marine, et on niait à la tribune les faits qui
« avaient été dénoncés.

« Je ne puis croire que les choses soient chan-
« gées. Parmi les faits dénoncés tout à l'heure
« à la tribune, j'en trouve qui sont identiques à
« ceux que j'ai dénoncés moi-même. J'ai entendu
« dire que des surveillants, ayant appris que
« plusieurs condamnés avaient formé le projet
« de prendre la fuite, écrivirent au commandant
« du pénitencier pour lui demander s'ils ne
« devaient pas les laisser partir, pour se porter
« ensuite sur leurs traces et tirer sur eux.

« — *M. Camille Pelletan*. — Ce fait est re-
« connu par le gouvernement.

« — *M. Alphonse Humbert*. — J'en citerai un
« autre : un chef de pénitencier écrit au directeur
« pour lui demander une place d'inspecteur des
« camps, et à l'appui de cette demande, il ajoute :
« C'est moi qui ai mis le carcan à un tel ; —
« c'est moi qui ai mis les poucettes à celui-ci ;
« — c'est moi qui ai soumis celui-là aux pi-
« qûres des cousins. » (*Rumeurs*). Cet homme
« a été traduit devant un Conseil d'enquête
« qui l'a acquitté. »

« Voilà, Monsieur le Ministre, à quoi il faut
« nous attendre avec les Conseils d'enquête.

« Vous croyez que les abus signalés vont cesser;
« il n'en est rien. Les surveillants qu'on envoie
« aux colonies sont généralement d'anciens
« sous-officiers ou caporaux qui, en arrivant au
« pénitencier, seraient les premiers à s'indigner
« au récit de pareilles atrocités. Mais, au bout de
« six mois, ils ne sont plus les mêmes. Au con-
« tact des condamnés, il se produit un véritable
« phénomène d'endosmose. Le personnel des
« gardiens est corrompu par les condamnés
« dont il a la garde, et les surveillants devien-
« nent des bourreaux abominables, capables de
« commettre des crimes.

« Toutes les fois qu'un surveillant tire sur un
« condamné, on dit qu'il était en état de lé-
« gitime défense. Ce n'est pas vrai. J'ai vu beau-
« coup de ces cas là, et ne croyez pas que je
« parle ainsi pour soutenir les condamnés; je
« n'ai pas beaucoup de tendresse pour eux,
« mais je prétends que quand un meurtre est
« commis par un surveillant, presque toujours,
« il est sans cause.

« J'ai vu trois surveillants faire feu par un
« guichet, comme à la cible, sur des hommes
« qui étaient à la barre de justice ; j'ai vu un sur-
« veillant faire écarter les personnes qui se trou-
« vaient entre lui et un homme qui se sauvait
« afin d'être mieux à son aise pour tirer. J'ai vu
« dans un pénitencier un surveillant qui, ayant

« fait feu sur un homme qu'il avait blessé, se
« justifia dans son rapport en prétendant qu'il
« avait été menacé.

« Le fils du directeur du pénitencier, M. de
« Pompery, qui revenait d'une promenade à
« cheval, a déclaré à son père, à la lecture de
« ce rapport, qu'il avait vu de loin et très dis-
« tinctement le surveillant tirer non pas sur un
« condamné hostile, mais sur homme à genoux,
« suppliant et qui demandait grâce.

« Chaque fois qu'un surveillant est soumis à
« une besogne qui lui déplaît, il s'en venge en
« faisant feu sur les condamnés.

« Quand un condamné s'évade, et c'est plutôt
« une absence qu'une évasion, on n'a jamais vu
« les surveillants partis à sa recherche revenir
« sans rapporter avec eux sur une civière le corps
« d'un malheureux blessé ou tué.

« Voilà comment les choses se passent: on
« tire sur les condamnés à la moindre pecca-
« dille, le meurtre est fréquent là-bas : c'est
« presque une habitude (1).

« Tout cela a été nié jusqu'au jour où le pro_
« cureur de la République a constaté dans son
« rapport les atrocités qu'il avait vues ou dont

(1) Rien n'est changé depuis cette époque, on n'a qu'à se souvenir des faits signalés chaque jour par la presse et, tout dernièrement, à propos des compagnies de discipline de la Marine à la Martinique.

« il avait eu connaissance. C'est alors qu'on a
« avoué, parce qu'on y était forcé. » (*Très bien.*)

Mais ce qui peut se faire dans des colonies lointaines, échappant au contrôle journalier de l'opinion, ne saurait impunément se pratiquer en France. Aussi, les gouvernants se sentaient-ils désarmés. C'est pour cela que, hier, ils faisaient voter ces lois scélérates qui — pour des luttes essentiellement politiques par la presse ou le discours — enlèvent la garantie du jury et la publicité des débats ; laissent aux « délégués ministériels à la justice » — suivant l'heureuse expression de Jaurès — le pouvoir de décréter à huit clos la mort civile et d'envoyer sous le climat meurtrier d'une colonie habilement choisie l'écrivain, le penseur, l'orateur coupables d'avoir écrit, pensé ou parlé.

Que dire de ces bourgeois dirigeants qui renient ainsi toutes les idées maîtresses de la conception républicaine, qui considèrent comme un crime irrémissible de laisser philosopher son cerveau et de se complaire aux conceptions de l'imagination rêvant le bien-être toujours croissant de l'humanité ?

La brutale leçon de l'histoire ne leur a donc rien appris, qu'ils recommencent la triste et imbécile besogne qui déjà une fois perdit la République ! Et pourtant que cruel et déshonorant fut le châtiment.

« N'est-il pas vrai — écrit Hippolyte Castille — que ce tiers état, ces procureurs qui s'enrichissent des dépouilles des émigrés, qui, au bénéfice des libertés publiques, justement conquises, ajoutèrent celui des capitaux et des propriétés, formes abstraites des privilèges de la noblesse et du clergé déposées sur la tribune de la Constituante le 4 août 1789, que ces fournisseurs engraissés, que ces agioteurs et ces escompteurs, ces boutiquiers flairant l'or étranger, que tout ce vil monde enfin qui se mit à trahir partout, au Corps législatif, dans les salons et dans les rues, qui dansa aux Tuileries la danse des Cosaques, n'est-il pas vrai que ces libéraux méritaient un châtiment plus sévère que celui de février 1848, et qu'il y aje ne sais quoi de providentiel, au point de vue du fait, dans les boulets de canons du 3 décembre marquant au front les maisons des parjures amis de la constitution, amis de toutes les constitutions et traîtres à toutes les constitutions? »

Des mœurs semblables, des attentats égaux contre la liberté et les principes républicains amèneraient des conséquences pareilles si le peuple — moins oublieux que la bourgeoisie — était capable de s'abandonner encore. Par deux fois, on lui a volé la République, il est bien résolu à ne pas se la laisser voler de nouveau.

Il a longtemps patienté, ignorant sa propre

force, et pitoyable encore à ceux qu'il croyait de bonne volonté.

Mais les dernières législatures démontrent toute la duperie du régime parlementaire. Les expériences du passé n'ont servi de rien. Brumaire et Décembre sont oubliés, et la classe dirigeante semble prendre à tâche d'en préparer les recommencements.

Mêmes fautes, mêmes erreurs, mêmes abus. Non contente de se donner la mission presque divine de châtier, elle crée encore de nouveaux crimes parmi lesquels le plus grand est d'attaquer et de combattre cette divinité.

Et pourtant chaque jour davantage sont battus en brêche ce soi-disant droit, cette prétendue puissance inattaquable.

On recule devant l'application rigide des lois nouvelles, tant l'opinion publique éclairée en impose à l'étroit égoïsme dominateur qui les dicta.

Déjà la peine de mort est moins appliquée. Bien plus, pour cette peine qui « *rougit d'elle-même* » (1), on réclame le secret. Instruction secrète, débats secrets, exécution secrète, n'est-ce pas un éloquent aveu que ce droit prétendu

---

(1) Suivant la belle expression de Mᵉ Lainé : « L'échafaud « enlève au temps son droit de grâce. »

n'a ni fondements sérieux, ni raisons morales, scientifiques ou philosophiques ?

N'est-ce pas la condamnation définitive du système que cette préoccupation — tout en le conservant — de cacher le bourreau ?

N'est-ce pas l'aveu flagrant que, dans ce premier élément du trinaire, la bourgeoisie capitaliste ne peut trouver aucune garantie pour le maintien de sa puissance ?

## XI

Et le second élément, l'armée ? Ah ! celui-là, elle peut encore moins compter sur lui. Nous sommes loin des armées prétoriennes qui ne pensaient pas, et pour lesquelles être soldat était un métier les séparant à tout jamais du peuple, leur faisant perdre jusqu'au souvenir des origines.

C'était pourtant et c'est encore la conception de l'armée que rêvent les conservateurs. M. Delafosse le disait nettement à la Chambre des députés, le 4 mars 1895 : « Le métier militaire est » un métier comme les autres, dans lequel on « n'excelle, comme dans tous les autres, que par « l'apprentissage, l'habitude et l'éducation. Il « faut des années pour faire une âme militaire,

« car un soldat n'est vraiment soldat que le jour
« où il se sent assez en famille au régiment pour
« avoir perdu la nostalgie de l'autre. »

A l'heure actuelle, la force de l'opinion publique, tout en amenant la réduction du service militaire, en a obtenu à peu près l'obligation pour tous. L'armée est devenue nationale par son recrutement.

C'est le principe, mais combien altéré dans la pratique ; que d'exceptions et de dispenses sans compter celles dont jouissent les séminaristes! Un conservateur, le fondateur de la ligue antisocialiste, M. Demolins, fait de curieuses remarques que nous reproduisons textuellement :

« Cependant ce n'est un mystère pour per-
« sonne que tous les Français, même les plus
« chauvins, n'ont qu'une préoccupation : se
« soustraire au service de trois ans et y sous-
« traire leurs fils ; toute la vie est orientée vers
« ce but.

« Si le service de trois ans est nécessaire,
« pourquoi s'y soustraire

« S'il est inutile, pourquoi le défendre ?

« N'y a-t-il pas une sorte de contradiction à
« s'y soustraire et à le défendre à la fois ?

« Depuis la nouvelle loi militaire, les Ecoles
« qui dispensent de deux ans de service sont
« encombrées de candidats. Plusieurs de ces
« Ecoles périclitaient faute d'élèves ; elles en

« regorgent maintenant. A l'Ecole de droit, on est
« même arrivé à abaisser les épreuves et par con-
« séquent les études, pour pouvoir délivrer un
« plus grand nombre de ces diplômes libéra-
« teurs. Les professeurs se souviennent qu'ils
« sont pères et leur paternité est moins intran-
« sigeante que leur chauvinisme.

« Parmi les sénateurs et les députés, com-
« bien y en a-t-il dont les fils fassent trois ans
« de service ? Y en a-t-il dix ? Ainsi on donne au
« service de trois ans ses votes, mais on ne
« lui donne pas ses fils.

L'armée n'a pourtant pas bénéficié autant que
le voulaient les esprits vraiment républicains du
changement de son recrutement, et l'on pourrait
presque lui appliquer encore les paroles d'Alfred de Vigny :

« Ainsi la guerre s'est civilisée, mais non les
« armées ; car non seulement la routine de nos
« coutumes leur a conservé tout ce qu'il y avait
« de mauvais en elles ; mais l'ambition ou les
« terreurs des gouvernements ont accru le mal,
« en les séparant chaque jour du pays et en leur
« faisant une servitude plus oisive et plus
« grossière que jamais. »

Notre temps — au point de vue de la conception militaire — montre, du reste, un esprit
bien autrement rétrograde que celui de la France
avant 1789.

A cette époque, d'un consentement unanime, physiocrates, publicistes, électeurs des trois ordres, dans la confection de leurs cahiers, affichent résolument un esprit absolument antimilitaire (1).

En 1772, Turgot écrit au marquis de Monteynard, ministre de la guerre : « Je sais tout ce que l'on peut dire sur l'obligation dans laquelle est tout citoyen de s'armer contre l'ennemi commun et sur la considération due à l'état du défenseur de la patrie ; mais je sais aussi les réponses qu'il y aurait à y faire, et que fourniraient la constitution des sociétés et des gouvernements modernes, la composition de leurs armées, l'objet et la nature de leurs guerres. On peut, sur cela, dire beaucoup de choses éloquentes pour ou contre ; ces phrases n'en imposent à personne : le peuple même sait depuis longtemps les apprécier, et il faut en revenir à la réalité. »

Condorcet considère comme une atteinte directe à la liberté individuelle d'assujettir un homme, malgré lui, à un service militaire ou civil quelconque. Le refus d'un service public peut être contraire à l'humanité, mais pas à la

---

(1) Pour toutes ces citations voir l'ouvrage si intéressant de CH. L. CHASSIN. — *L'Armée et la Révolution*.

Justice. « La seule peine d'un tel refus, c'est la honte. »

Il déclare que le despotisme militaire est indestructible, si on ne parvient pas « à dégoûter les troupes de l'obéissance passive, à inspirer aux chefs, aux officiers et, par une suite naturelle, aux soldats, l'idée qu'ils peuvent se rendre juges des ordres qu'ils reçoivent. »

Mirabeau est l'ennemi des armées permanentes. « Les armées perpétuelles n'ont été, ne sont et ne seront bonnes qu'à établir l'autorité arbitraire et à la maintenir... La corruption, la vénalité préparent les chaînes d'un peuple libre, mais c'est, et c'est seulement la puissance légionnaire qui les rive... Les gens d'épée sont esclaves par état, préjugé, ignorance et, de plus, se vantent de l'être. » Dans sa fameuse lettre de 1787, à Frédéric-Guillaume II, il conseille vivement « l'abolition de la servitude militaire ».

« Le peuple — écrit-il dans son adresse aux Bataves — a droit d'avoir et de porter les armes pour la défense commune... Quand il en perd l'habitude, il se trouve bientôt quelque ambitieux qui met tout en œuvre pour en profiter. Une milice bien réglée est la défense convenable, naturelle et sûre d'un gouvernement libre. Point de mercenaires! Des armées toujours sur pied sont dangereuses pour la liberté, il faut que le pouvoir militaire soit toujours sévèrement subordonné à l'autorité civile ».

Le comte d'Antraigues écrit contre l'armée permanente d'où « sont sortis tous les soutiens de la tyrannie. »

Un officier de marine, Guy de Kersaint, veut que les troupes soient tenues à un double serment : « Le premier, d'abord au roi en tout ce qui concerne le devoir militaire de la guerre contre les ennemis de l'Etat; le second, de ne jamais servir militairement contre aucune partie de l'Etat, fut-elle en rébellion ouverte, que l'ordre du roi n'ait été rendu sous le nom de *loi martiale*, après avoir été approuvé par la commission intermédiaire des Etats généraux de la nation et enregistré par la majorité des cours souveraines. »

Carra souligne tout particulièrement l'article XV de la déclaration des droits du peuple de Virginie (1776) ainsi conçu : « Une milice bien réglée et bien exercée est la défense la plus sûre dans un Etat libre. Il ne doit point y avoir de troupes réglées en temps de paix, parce qu'elles sont dangereuses à la liberté, et dans tous les cas, le militaire doit montrer une soumission entière à l'autorité civile, et ne pas cesser un instant d'être sous sa direction. »

Servan, un des derniers ministres de Louis XVI et le premier ministre de la guerre de la République (1792) condamne « le fatal système des armées permanentes ». Il lui paraît, il est vrai, trop difficile de détruire « un mal devenu nécessaire »; il entreprend seulement d'en diminuer les inconvénients en ne voulant pas conserver les troupes « emprisonnées dans l'oisiveté des garnisons » et en créant des *manoirs militaires* où « les vétérans trouveraient une retraite, les invalides un asile, les enfants une école, les soldats en activité (n'ayant besoin, en temps de paix, que de quelques mois d'exercice pour se maintenir prêts à la guerre), un atelier agricole. »

En examinant les cahiers des trois ordres, on retrouve les mêmes préoccupations, les mêmes vœux. « Il est donc possible de rendre à l'agriculture et au commerce une partie des stipendiaires que la nation entretient et de réduire les troupes permanentes au nombre indispensable pour la sûreté du pays. » (Mâcon, Bugey, Aval, etc., etc, N. T.)

A Nemours, le Tiers adoptant les idées de Servant dit : « Plusieurs de nos grandes routes ont été construites par les soldats romains ; on aimerait à les voir réparer par les soldats français. » La noblesse du Poitou, du Limousin, de la Guyenne, du Roussillon, etc., ajoute que le militaire y gagnerait « une constitution robuste, une utilité sociale... et deviendrait citoyen. »

Les villes (Marseille, Aix, Toulon, Rennes, Angers, Calais, etc.) réclament des milices formées de tous les citoyens ; les masses rustiques revendiquent le droit de posséder et de porter des armes : « Avec sa liberté, chaque citoyen a droit de prétendre à sa conservation et à sa sûreté personnelle. »

A Brest, dans la banlieue de Paris, les députés ont mandat de « garantir les citoyens des effets de l'obéissance militaire... En aucun cas, les troupes ne doivent pouvoir abuser de leurs armes contre la liberté et la sûreté des citoyens. »

Les nobles d'Agen, de Tours, etc., demandent le serment aux officiers et aux soldats « de ne jamais être porteurs, ni agents d'ordres ministériels, de ne jamais s'armer contre leurs concitoyens à moins d'une proscription proclamée par la nation. » Ceux du bas Vivarais « que jamais les mercenaires ne puissent être employés contre les citoyens, même révoltés. »

Même dans le cas de proscription par la nation, les trois ordres de Montfort-l'Amaury veulent « que les soldats ne puissent user de leurs armes, sous la conduite de leurs officiers, que sur la réquisition formelle des autorités civiles marchant devant eux. »

Il faut trouver « les moyens de concilier les devoirs militaires avec la liberté (Paris, N.,

Morlaix.T.)... que le soldat soit et reste toujours citoyen » (Limoges, Arras, Troyes.N.)

La suppression de l'impôt du sang, de tout enrôlement forcé, — « servitude personnelle (Nevers), attentat à la liberté de l'individu (La Rochelle), et de la nation (Metz) » est le vœu unanime du Tiers Etat. On pense universellement « qu'il y aura toujours assez de soldats volontaires pour compléter la troupe nécessaire au service public »; mais, se hâte-t-on d'ajouter, « *tout citoyen doit être soldat de droit pour le « salut de la Patrie* » (Gourin).

La Constituante s'inspire de cet état unanime des esprits. Dès le 8 Juillet, Mirabeau propose la création de la garde nationale qui, refusée par le roi, se crée spontanément dans toute la France. Son effectif dépasse le chiffre énorme de six millions de citoyens armés et organisés.

La Constituante décrète le 6 décembre 1790 : « Tous les citoyens actifs et leurs enfants en état de porter les armes sont inscrits sur le rôle de la garde nationale.

« Les gardes nationales ne forment ni un corps militaire, ni une institution dans l'Etat; ce sont les citoyens eux-mêmes appelés au service de la force publique.

« Les distinctions de grade et la subordination ne subsistent que relativement au service, et pendant sa durée.

« Les officiers sont élus à temps, et ne peuvent être réélus qu'après un intervalle de service comme soldats. » Sont seuls affranchis du service les militaires sous les drapeaux, les vieillards, les infirmes, les invalides. Les députés, les ministres, les magistrats, les prêtres, en un mot tous les employés du gouvernement, doivent payer à la commune une taxe de remplacement.

Selon la parole de Dubois-Crancé, « quand la patrie est en danger, *tout citoyen doit être soldat et tout soldat citoyen.* »

Les soldats sont « libres de faire parvenir directement leurs plaintes aux supérieurs, aux ministres et à l'Assemblée nationale. »

Non seulement le service dans l'armée ne fait pas perdre les droits politiques, mais il confère la faculté d'élire et d'être élu :

« Tout militaire en activité conservera son domicile, nonobstant les absences nécessitées par son service et pourra exercer les fonctions de citoyen actif, si d'ailleurs il réunit les qualités requises par les décrets de l'Assemsemblée nationale, et si, au moment des élections, il ne se trouve pas en garnison dans le canton où est situé son domicile.

« Tout militaire, après seize années de service sans interruption et sans reproche, jouira de la plénitude des droits de citoyen actif, quand même il ne serait pas sujet à la contribution requise pour être éligible. »

Le droit de requérir la force armée est exclusivement réservé aux municipalités, alors librement élues.

« Les magistrats du peuple, les officiers municipaux doivent faire leur réquisition écrite, après délibération en séance publique du Conseil général ; il faut, de plus, que cette réquisition soit lue aux soldats assemblés, pour que ceux-ci en sachent bien les causes et les circonstances, le but et le terme. »

A peine, lorsque des troubles agitent tout un département, le roi peut-il donner des ordres « sous la responsabilité de ses ministres, à la charge d'en informer le Corps législatif, s'il est assemblé, et le convoquer, s'il est en vacance. »

« Le pouvoir exécutif ne peut faire passer ou séjourner aucun corps de troupes de ligne dans la distance de 30,000 toises (58 kilomètres) du Corps législatif, si ce n'est sur sa réquisition ou avec son autorisation. »

Le livre si sérieusement étudié, plein de recherches, admirablement documenté et qu'il faut lire dans son entier, de M. Ch. L. Chassin, auquel nous avons emprunté tout ce qui précède, serait un précieux enseignement pour tous ces soi-disant républicains qui vont sans cesse à l'encontre des idées révolutionnaires de

1789, tout en affirmant audacieusement qu'eux seuls en ont le culte et en conservent la tradition.

Il est bon de retenir les conclusions que le savant auteur tire de sa remarquable étude, et de les méditer.

I. « Donc, la Révolution condamne et répudie la conquête ; toute guerre qui n'a pas pour but unique le maintien de l'intégrité du territoire, de l'indépendance et de la liberté nationale, est contraire aux principes de 89. »

II. « Donc la Révolution conserve une armée permanente comme un mal nécessaire ; mais, l'emploi de cette armée à autre chose qu'à la garde de nos frontières et de notre indépendance, l'exagération de sa force au point qu'elle puisse servir à l'attaque, son indépendance des autorités civiles élues, son organisation prétorienne, en un mot, sont contraires aux principes de 89, de 93 et de l'an III. »

III. « Donc, la Révolution repousse l'enrôlement forcé et n'admet, pour le recrutement de l'armée en temps de paix, que l'enrôlement volontaire. En temps de guerre, elle use de l'enrôlement volontaire seul, aussi longtemps qu'il fournit le nombre de défenseurs dont la patrie a besoin pour vaincre les ennemis qui l'attaquent. Lorsque le danger de la patrie devient si grand que la ressource des volontaires se trouve insuffisante, elle applique progressivement ce principe : Tout citoyen est soldat jusqu'à ce que la patrie soit sauvée. »

IV. « Quelles que puissent être la force et la perfection d'une armée organisée pour l'attaque, tôt ou tard cette armée devient insuffisante à la défense ; le salut du pays ne s'obtient que par le pays lui-même. »

Même avant la confection des cahiers et la convocation des Etats généraux on avait dénoncé les tristes résultats de l'établissement non seulement des armées mercenaires mais des armées permanentes en général.

Deux Ministres de la Guerre de Louis XVI, le comte de Saint-Germain, ce Ministre qui mit en honneur les coups de plat de sabre ; le maréchal de Ségur, qui exigeait la preuve de quatre générations de noblesse pour les sous-lieutenances — à moins toutefois d'être fils d'un chevalier de Saint-Louis, — Dubois-Crancé plus tard, Ministre de la Guerre, lui aussi, avaient dénoncé en termes très vifs les conséquences de la constitution militaire (1).

Avant eux, aux Etats Généraux de 1448, Masselin, orateur du Tiers avait dit : « Les armées mercenaires, dont on nous vante aujourd'hui l'utilité, doivent leur première institution à des

---

(1) Général JUNG : *Bonaparte et son Temps ; Dubois-Crancé*, etc.

tyrans soupçonneux, qui pouvaient n'avoir pas d'autres moyens de se dérober à la vengeance publique. Mais puisqu'on ne veut pas renoncer à l'usage, malheureusement introduit, de réunir et stipendier cette engeance meurtrière et vorace, nous demandons au moins qu'on ne se départe point de ce qui se pratiquait sous Charles VII, et qu'on ne conserve que douze lances. »

Et plus tard Mably : « Un peuple ne conservera pas sa liberté, si on distingue les citoyens de l'armée, si les citoyens paient des soldats pour se défendre. » (1)

L'œuvre de fatale centralisation de Napoléon, de cet homme « dont le moindre sentiment de la destination morale du genre humain ne vivifia jamais l'esprit » (2) défit l'œuvre de la Constituante que nous venons de rappeler, de même qu'il supprimait celle de la Législative, de la Convention et de la constitution de l'an III. Quand après son coup de force du 18 brumaire Bonaparte disait : « la Révolution est finie, » il fallait l'entendre non de ce que les conquêtes et l'esprit de la Révolution étaient arrivés au but qu'ils se proposaient, mais bien de la confiscation qui en était faite au profit de l'ambitieux

(1) Ch. L. Chassin. — *La Révolution et l'armée.*
(2) Fichte. — *Portrait de Napoléon.*

traître à son serment et aux lois de son pays.

Deux invasions, la diminution du territoire, le retour au passé, tel fut le châtiment.

Le rétablissement de la monarchie ne devait trouver que de faibles résistances et d'inactives oppositions dans « ces défenseurs de la patrie abaissés au rôle de prétoriens et dans cette armée qui, de nationale, était devenue impériale ».

Les rois légitimes n'eurent garde de rien changer au mode napoléonien; cet asservissement, cet étouffement de la pensée du soldat servait trop les intérêts du pouvoir absolu.

Mais, même dans le silence de la Restauration, dans le renoncement et l'abaissement des esprits, comme un réveil de conscience du génie français, quelques voix se firent entendre.

Alfred de Vigny, officier de la garde royale, le poète légitimiste, dont les opinions royalistes et cléricales sont bien établies, reprenait la tradition du vieil esprit français anti-militariste : « On ne peut trop hâter l'époque où les armées seront identifiées à la nation, si elle doit acheminer au temps où les armées et la guerre ne seront plus, et où le globe ne portera plus qu'une nation unanime enfin sur ses formes sociales ; événement qui, depuis longtemps, devrait être accompli.

« L'armée est une nation dans la nation; c'est un vice de nos temps. Dans l'antiquité, il en était autrement : tout citoyen était guerrier, et tout guerrier était citoyen ; les hommes de l'armée ne se faisaient point un autre visage que les hommes de la cité. »

Il rappelle ces seigneurs « sans cesse révoltés contre une hiérarchie de pouvoirs qui eût amené trop d'abaissement dans l'obéissance, et, par conséquent, d'humiliation dans la profession des armes. Le régiment appartenait au colonel, la compagnie au capitaine, et l'un et l'autre savaient fort bien emmener leurs hommes, quand leur conscience comme citoyens n'était pas d'accord avec les ordres qu'ils recevaient comme hommes de guerre. »

Cette indépendance dura jusqu'à Louvois qui commença le règne des bureaux, mais cela n'eut pas lieu sans résistance de ces « rudes et francs gentilshommes qui ne voulaient amener leur famille de soldats à l'armée que pour aller à la guerre. »

« Quoiqu'ils n'eussent pas passé l'année à enseigner l'éternel maniement d'armes à des automates, je vois qu'eux et les leurs se tiraient assez bien d'affaire sur les champs de bataille de Turenne. Ils haïssaient particulièrement l'uniforme, qui donne à tous le même aspect, et soumet les esprits à l'habit et non à l'homme. »

Tout en reconnaissant les défauts d'organisation qui existait alors, de Vigny ne craint pas d'affirmer que cette armée avait « cela de meilleur que la nôtre, de laisser plus librement luire et flamber le feu national et guerrier de la France. Cette sorte d'armée était une armure très forte et très complète dont la Patrie couvrait le pouvoir souverain, mais dont toutes les pièces pouvaient se détacher d'elles-mêmes, l'une après l'autre, si le pouvoir s'en servait contre elle. »

La centralisation du pouvoir a fait aujourd'hui de l'armée « un corps séparé du grand corps de la nation, et qui semble le corps d'un enfant, tant il marche en arrière pour l'intelligence et tant il lui est défendu de grandir. L'armée moderne, sitôt qu'elle cesse d'être en guerre, devient une sorte de gendarmerie.

« Que quelques ouvriers, devenus plus misérables à mesure que s'accroissent leur travail et leur industrie, viennent à s'ameuter contre leur chef d'atelier ; ou qu'un fabricant ait la fantaisie d'ajouter cette année quelques cent mille francs à son revenu ; ou seulement qu'une *bonne ville*, jalouse de Paris, veuille avoir aussi ses trois journées de fusillade, on crie au secours de part et d'autre. Le gouvernement, quel qu'il soit, répond avec assez de sens : *La loi ne me permet pas de juger entre vous ; tout le monde a raison ; moi je n'ai à vous envoyer que mes gladiateurs qui vous tueront et que vous tuerez.* En effet, ils vont, ils tuent, et sont tués..... Tout calcul fait, reste une simple soustraction de quelques morts ; mais les soldats n'y sont pas portés en nombre, ils ne comptent pas. On s'en inquiète peu. Il est convenu que ceux qui meurent sous l'uniforme n'ont ni père, ni mère, ni femme, ni amie à faire mourir dans les larmes, c'est un sang anonyme. »

En parlant de la responsabilité qui doit incomber à l'officier dans l'exécution de certains ordres : « Ne viendra-t-elle donc jamais la loi qui, dans de telles circonstances, mettra d'accord le devoir et la conscience? La voix publique a-t-elle tort, quand elle s'élève d'âge en âge pour absoudre et pour honorer la désobéissance du vicomte d'Orte, qui répondit à Charles IX lui ordonnant d'étendre à Dax la Saint-Barthélemy parisienne : « Sire, j'ai communiqué le commandement de Votre Majesté à ses fidèles habitants et gens de guerre ; je n'ai trouvé que bons citoyens et braves soldats, et pas un bourreau?

« Et s'il eut raison de refuser l'obéissance, comment vivons-nous sous des lois que nous trouvons raisonnables de donner la mort à qui refuserait cette même obéissance aveugle? Nous admirons le libre arbitre et nous le tuons. L'absurde ne peut régner ainsi longtemps. Il faudra bien que l'on en vienne à régler les circonstances où la délibératiou sera permise à l'homme armé, et jusqu'à quel rang sera laissée libre l'intelligence, et avec elle l'exercice de la conscience et de la justice... Il faudra bien un jour ou l'autre sortir de là.

« Quand l'armée tourne sa poitrine de fer du côté de l'étranger, qu'elle marche et avance comme un seul homme, cela doit être ; mais lorsqu'elle s'est retournée et qu'elle n'a plus devant elle que la mère-patrie, il est bon qu'alors, du moins, elle trouve des lois prévoyantes qui lui permettent d'avoir des entrailles filiales. Il est à souhaiter aussi que des limites immuables soient posées une fois pour toujours à ces ordres absolus données aux armées par le souverain pouvoir, si souvent tombé en d'indignes mains dans notre histoire. Qu'il ne soit jamais possible à quelques aventuriers parvenus à la dictature de transformer en assassins quatre cent mille hommes d'honneur, par une loi d'un jour comme leur règne. »

Il demande ce qui fit l'objet de tous les cahiers et des préoccupations les plus grandes des philosophes du xviii° siècle, ainsi que des législateurs de la Constituante. « Combien l'âme du soldat serait élevée, sa conscience grandie, son cœur plus léger, s'il sentait en lui deux hommes, dont l'un obéirait à l'autre ; s'il savait qu'après son rôle tout rigoureux dans la guerre, il aurait droit à un rôle tout bienfaisant et non moins glorieux dans la paix; si, à un grade déterminé, il avait des droits d'électeur; si, après avoir longtemps été muet dans les camps, il avait sa voix dans la cité; s'il était exécuteur, dans l'une, des lois qu'il aurait faites dans l'autre; et si, pour voiler le sang de l'épée, il avait la toge. Or, il n'est pas impossible que tout cela n'advienne un jour. »

Il faut peu compter sur le pouvoir : « Bien loin de mettre aucun de ses projets à exécution, ou seulement en lumière, il est probable qu'il s'en éloignera toujours de plus en plus, ayant intérêt à s'entourer de gladiateurs dans la lutte sans cesse menaçante ; cependant l'idée se fera jour et prendra forme, comme fait tôt ou tard toute idée nécessaire ».

Mais les meilleures réformes que l'on puisse faire seront-elles même très passagères « car, encore une fois, les armées et la guerre n'auront qu'un temps ; car « il n'est point vrai que, même contre l'étranger, la guerre soit *divine; il n'est point vrai que la terre soit avide de sang*. La guerre est maudite de Dieu.... »

Le prestige qui entourait les conquérants va sans cesse diminuant, « leurs grandeurs éblouissantes sont peut-être éteintes pour toujours. Leur éclat passé s'affaiblit, je le répète, à mesure que s'accroît, dans les esprits, le dédain de la guerre, et, dans les cœurs, le dégoût de ses cruautés froides. Les armées permanentes embarrassent leurs maîtres..... »

Et combien rigoureuse, combien triste est la condition du soldat. « La patrie, qui l'aimait à cause des gloires dont il la couronnait, commence à le dédaigner pour son oisiveté, ou à le haïr à cause des guerres civiles dans lesquelles on l'emploie à frapper sa mère... Le gladiateur, qui n'a plus même les applaudissements du cirque, a besoin d'être plaint parce qu'il est aveugle et muet; jeté où l'on veut qu'il aille, en combattant aujourd'hui telle cocarde, il se demande s'il ne la mettra pas demain à son chapeau. »

Et le sombre et pénible tableau trouve sa conclusion pleine de tristesse dans cette phrase : « L'existence du soldat est (après la peine de mort) la trace la plus douloureuse de barbarie qui subsiste parmi les hommes » (1).

A cette époque, comme à l'heure actuelle, les hommes du pouvoir professaient que la force d'une nation était dans ses effectifs de plus en plus nombreux, dans ses armées toujours sur pied, et composées d'un nombre toujours plus grand d'unités combattantes. Cependant quelques hommes, dont la science militaire, tant au

(1) ALFRED DE VIGNY. — *Servitude et grandeur militaires.*

point de vue théorique que pratique, ne saurait être mise en doute, protestaient et établissaient que pour la guerre défensive, la seule admise par les réformateurs de 89, c'était seulement dans l'union intime du pays, dans l'accomplissement de ce rêve du penseur : « le soldat citoyen, le citoyen soldat », qu'était le salut et la puissance.

« Ce n'est plus dans les casernes qu'est la force ; — écrit, en 1842, le très savant général d'artillerie Paixhans (1) — et pour voir où elle est il suffit d'ouvrir les yeux.

« En 1792, d'un côté sont les volontaires, sortant du collège ou de la charrue, sans expérience et sans officiers ; de l'autre côté, sont les armées de la Prusse, de l'Autriche, de la Russie, et toutes les autres : à qui demeura la force ?...

« En 1810, les soldats de l'Espagne sont en Amérique, et l'Espagne les remplace à la hâte par une cohue de paysans et des moines ; de l'autre côté, sont les armées de Napoléon, les généraux de Napoléon et Napoléon lui-même : à qui demeura la force ?...

« En 1814, les étudiants, les professeurs, les bourgeois de l'Allemagne se lèvent ; ils entreprennent ce que les rois et leurs armées et les rigueurs du climat de la Russie n'avaient pu

(1) W. J. PAIXHANS. — *La constitution militaire de la France.*

faire, et leur entreprise, ils trouvent moyen de l'achever... Et ces planteurs, ces Indiens qui d'un bout de l'Amérique à l'autre, chassent les vieilles troupes de l'Espagne ! Et ces miliciens de la Nouvelle-Orléans qui, en 1815, culbutent à nombre inférieur, les vétérans de Wellington? Et ces Grecs, montagnards sans armes ou marins sans vaisseaux, qui détruisent des flottes et des armées !... où donc est la force ?...

« Désormais, on pourra tout avec les populations et rien sans elles. »

Ce que, en 1866, Charras confirmait à nouveau.

« Rien ne déconcerte l'esprit de guerres et de conquêtes comme l'aspect d'un peuple résolu de lutter, non seulement en batailles plus ou moins savamment ordonnées par ses généraux, mais encore sous la conduite de son dernier maire de village » (1).

Il n'était peut-être pas inutile de rappeler ces opinions diverses en ce moment où l'autorité militaire tend chaque jour d'avantage à empiéter sur l'autorité civile ; à l'heure où il est question de créer un sacré collége de généralissimes, et où un ministre de la guerre pousse à tel point l'oubli de la doctrine républicaine, qu'il a l'impudence de vouloir, avant qu'il ne

---

(1) CHARRAS.— *Histoire de la guerre de 1813, en Allemagne.*

puisse être porté devant l'examen des chambres, que tout projet de réformes militaires, qu'il vienne du gouvernement ou de l'initiative parlementaire, soit d'avance soumis à la censure de ce sanhédrin.

Les citations que nous avons rassemblées dans les lignes qui précèdent ne laissent pas de doutes sur le recul accompli depuis 1789. Nous aurions pu les multiplier, car ils ont été nombreux les fermes esprit qui, de tous temps, ont senti la nécessité de ne pas séparer complétement le peuple de l'armée, et le danger de créer ainsi une nation dans la nation. Ils sont nombreux aussi, et non des moindres par le génie et le talent, ceux qui se sont élevés contre le militarisme et contre cette inintelligente discipline muette, inconsciente, qui cache les plus atroces abus, est, à la fois, dangereuse pour la liberté publique et attentatoire à la dignité humaine, et qui selon les termes mêmes des cahiers des Etats Généraux « avilit les cœurs et dégrade les caractères ».

Malgré tout cet effort des penseurs, des hommes du métier, — ceux du moins qu'inspire l'intérêt public et non les mesquines ambitions — des serviteurs passionnés de la conscience et de l'idéal républicain, tout est conservé du militarisme napoléonien, avec son archaïsme et son organisation réactrice et antidémocratique. La classe dirigeante essaye de plus en plus de grandir la défiance entre le pays et le soldat; de plus en plus, elle tâche d'accroître l'antagonisme entre les deux.

La nation dont est sorti l'armée pouvant, à un moment donné, avoir celle-ci tournée contre elle par le bon plaisir d'un imbécile ou d'un traître — hélas ! si on considère qui nous gouverne, l'hypothèse est possible, — et cela applaudi, loué, organisé, voulu : c'est le retour aux temps maudits que rappelle Pascal où « le parricide était une vertu reconnue ».

Malgré tout, un changement profond s'est produit dans l'esprit de l'armée.

Par quelle heureuse aberration de nos gouvernants, malgré l'opposition fort intelligemment inspirée des réactionnaires, ont-ils conservé la réserve et la territoriale, qui, chaque année, ramènent au régiment des hommes rentrés dans la vie familiale et travailleuse; qui rappellent aux jeunes soldats que, sous peu d'années, ils devront reprendre leur rang de citoyens; qui leur infusent le sentiment de leurs droits et ne leur permettent pas d'oublier les liens qui les rattachent au producteur ?

Et pourtant les socialistes trouvent, à bon droit, que cette incorporation est trop longue, qu'elle est à la fois nuisible au développement des capacités industrielles de l'individu et contraire aux mœurs. Partisans absolus de la Paix, convaincus qu'elle doit être la conséquence inéluctable de l'ordre nouveau, ils demandent la réduction du service à un an et aspirent à l'abolition des armées permanentes, ne pouvant croire que la caserne soit la meilleure éducatrice.

En même temps qu'elle détourne l'homme de son travail, à l'époque même où il commence à devenir habile dans sa profession, qu'elle arrache aux unions les hommes les plus sains, les plus valides, et leur inspire le dégoût de la vie des champs ou de l'atelier (1) ; par l'habitude

---

(1) « Cette simple constatation nous met à l'aise pour nous expliquer librement.

« Le service de trois ans présente un grave inconvénient au point de vue social : il désorganise toutes les professions. Il prend les trois plus belles années de la jeunesse, celles qui sont les plus décisives pour toute l'orientation de la vie ; celles pendant lesquelles on choisit sa vie et on s'y engage. Après cette longue interruption, l'homme a perdu, en partie, ce qu'il avait acquis antérieurement, et il a à faire une sorte de recommencement à un âge où il devrait déjà être engagé dans la vie sérieuse et active. Tout son avenir est entravé.

» On s'en rend si bien compte qu'on a voulu, du moins, soustraire à cette catastrophe les jeunes gens qui se destinent aux professions libérales, en ne leur imposant qu'un an de service.

« La législation semble donc estimer que les professions libérales sont plus utiles et doivent, par conséquent, être plus sauvegardées que l'agriculture, l'industrie et le commerce.

d'une discipline à laquelle neprésibe en rien le raisonnement, mais seulement le bon vouloir du chef, elle les rend incapables de l'indépendance nécessaire à l'exercice des devoirs du citoyen.

Mais à quoi bon insister sur ces choses dès longtemps écrites et jugées à la fois par les moralistes et les philosophes?

« Et cependant, il est manifeste que les professions libérales sont des professions de luxe, tandis que les professions usuelles sont pour un pays les professions vitales.

« La prospérité et la vitalité d'un peuple dépendent davantage du développement de son agriculture, de son industrie et de son commerce que du nombre de ses avocats, de ses lettrés et de ses politiciens. » (E. DEMOLINS : *La Nécessité d'un Programme social.*)

— M. JULES DELAFOSSE. — Mais ce que je n'ai pas dit, ce que je pourrais démontrer et ce que nous démontrerons quelque jour, c'est que cette organisation militaire fait peser sur le pays une servitude plus lourde et plus onéreuse que la guerre elle-même.

M. JAURÈS. — Si nous en disions autant on nous mettrait en prison comme anarchistes.

M. DELAFOSSE. — Elle est une entrave pour tout le monde, pour l'ouvrier d'industrie dont elle interrompt l'apprentissage et perd quelquefois la main, pour le jeune homme qui se destine aux carrières libérales et dont elle interrompt les études en y introduisant parfois des lacunes irréparables. Mais elle est surtout une cause effroyable des déclassements ; elle jette chaque année sur le pavé des villes des milliers de jeunes gens en quête d'emploi qui accroissent le parasitisme d'Etat, cette plaie de la Société contemporaine. (Chambre des Députés. — Séance du 4 mars 1895.)

Il ne nous importe ici de retenir qu'une chose, c'est que l'armée ne saurait plus être par son institut même l'antagoniste du peuple.

Au contraire, chez elle commencent à vibrer les mêmes passions et à se montrer les mêmes espérances, les mêmes amours et les mêmes haines.

On a déjà pu remarquer avec quelle peine les officiers retiennent leurs hommes dans les grèves et quelle crainte ils ont de les laisser communiquer avec la population.

Combien suivraient les ordres sanguinaires aux grandes journées, combien quand tout-puissant passera le souffle de la Révolution ?

L'armée mercenaire s'est laissé gagner par lui à diverses reprises et elle a fait cause commune avec le peuple : on sent qu'aujourd'hui elle est tout acquise.

On a beau proscrire la lecture des journaux à la caserne, on s'évertue en vain à développer le mépris du civil. Rien n'y fait.

La semence des idées fécondes germe au régiment ; seule la crainte du châtiment sans appel retient le soldat et l'empêche de venir à nos réunions. Mais il n'a pas oublié les misères des parents et des camarades ; il sait combien pénibles sont les conditions du travail qu'il va reprendre à bref délai.

La séparation n'existe plus, la coupure entre

l'armée et le peuple tend chaque jour à disparaître.

Mis en face, peuple et soldat se reconnaîtront et la bourgeoisie autoritaire n'a plus à compter sur cet autre soutien de son organisme.

## XII

Une seule alliance reste au capitalisme, c'est le prêtre.

Nous avons indiqué plus haut quelles causes profondes séparaient le dogme catholique du principe révolutionnaire : mais reste le prêtre.

Cette personnalité qui n'appartient à aucun sexe, ne veut rien voir ni comprendre en dehors de son autocratie et des joies de la toute puissance.

Les prêtres, par le seul fait qu'ils existent, sont les dévoués de toute autorité.

C'est à tort que l'on a cru pouvoir leur attribuer des préférences pour tel ou tel régime. Les chefs, les dignitaires estiment que le meilleur gouvernement est celui qui leur laisse la plus grande somme possible de pouvoir. Pour les autres — comme pour Sosie — c'est celui où l'on mange : (1)

---

(1) Comment se fait-il que vous haïssiez si fort la Révolution, demandait-on à l'abbé Maury : — Pour deux raisons : la première, et c'est la meilleure, c'est qu'elle m'enlève mes bénéfices.....

(*Mémoires de* LOMBART DE LANGRES).

ce que la verve railleuse de Pothey traduisait par ce distique

En ce temps-là, Jésus disait à ses apôtres :
« Notre verre est petit, buvons dans ceux des autres. »

Aussi le bourgeois voltairien qui, jadis avec les philosophes du XVIII° siècle, déclarait qu'il fallait « écheniller Dieu »(1) soutient-il de toutes ses forces le cléricalisme tout en se riant des principes religieux.

Le mot de Chamfort à Rivarol : « Vous êtes de ceux qui pardonnent tout le mal qu'ont fait les prêtres en songeant que, sans les prêtres, nous n'aurions pas la comédie de *Tartuffe* » ne serait aujourd'hui qu'un mot d'esprit.

Ce ne sont pas les préoccupations littéraires qui retiennent les bourgeois si tant est que leur esprit tout tourné aux abêtissantes joies malsaines de cette fin de siècle ait encore conservé le sens de la littérature (2).

---

(1) « Vous n'arriverez à rien, si vous ne déchristianisez la Révolution », répéta plus tard Mirabeau.

(2) On peut se rendre compte des conceptions littéraires de la bourgeoisie réactionnaire par l'extrait suivant d'un de ses meilleurs écrivains :

« Oui, maintenant, je peux laisser dire que Molière n'a d'autres ennemis que les fourbes qu'il a démasqués ; je peux passer au pied de sa statue érigée sur nos places publiques ; je peux entendre l'Académie française regretter qu'il manque à

Les applaudisseurs du pétomane ne peuvent apprécier ni connaître Molière.

Mais le prêtre est pour eux un agent merveilleux, il façonne à l'obéissance, enseigne le respect du pouvoir constitué et « fait rendre à César ce qui appartient à César ». (1)

En prêchant la passivité devant une volonté toute-puissante, en dehors et au-dessus de l'appréciation et de la discussion du vulgaire, la soumission entière « aux décrets de la Providence », le prêtre établit un frein puissant contre les expansions dangereuses.

Le prêtre, auxiliaire dévoué de toutes les

---

sa gloire ; je peux souffrir que de vains et de ridicules rhéteurs, esclaves de la popularité du mal, entament leurs phrases par un adjectif pour faire un piédestal de courage à ce flatteur, une couronne de franchise à ce menteur, une renommée de vertu à ce corrupteur. J'ai dit ce que j'avais à dire : *Liberavi animam meam*. Ceux qui sauront que j'ai vécu, sauront que je n'ai pas fait parti du parterre qui canonise Scapin. » (L., Veuillot. *Molière et Bourdaloue*, 1877.)

(1) Dans une cérémonie funèbre, l'abbé Fauchet, alors prédicateur du roi, disait du haut de sa chaire : « Les faux interprètes des divers oracles ont voulu, au nom du ciel, faire ramper les peuples sous les volontés arbitraires des chefs : ils ont consacré le despotisme ; ils ont rendu Dieu complice des tyrans. Ces faux docteurs triomphaient parce qu'il est écrit : *Rendez à César ce qui est à César*. — Mais ce qui n'est pas à César, faudra-t-il aussi le lui rendre? Or, la liberté n'est pas à César, elle est à la nature humaine. » (*Histoire parlementaire.*)

tyrannies, règne en maitre au village industriel et, par son éducation des enfants — qui, sous peine de renvoi du père, doivent « fréquenter » jusqu'à leur entrée à l'atelier — par l'influence qu'il exerce sur l'esprit plus faible de la mère, concourt activement au maintien dans l'esclavage.

« L'enfant troublerait tout, ne serait point
« exact s'il n'était quitte de l'église. Donc il faut
« qu'il ait fait sa première communion » avant
« même d'être admis au travail. Même obstacle
« pour des millions d'enfants dans le monde
« chrétien. Les plus pressants besoins de la
« famille n'exemptent pas de passer par cette
« filière. Elle est la même pour toute classe,
« toute race, pour l'enfant de campagne le moins
« formé, pour l'enfant affiné des villes.

« Si cela se faisait sérieusement, la plupart en
« resteraient fous. Mais il y a une certaine con-
« nivence. Le père ne tient guère à la chose. Et
« celui même qui gravement enseigne ces enti-
« tés creuses, qui les fait répéter, songe bien
« moins à les faire comprendre qu'à plier la
« jeune âme, à mettre sous le joug toutes les
« générations nouvelles. Si l'enfant n'entend
« rien et mot pour mot répète servilement, au
« fond, c'est tout ce que l'on veut.

« Il oubliera ces mots ; deux choses en reste-
« ront. Premièrement, la servilité ; il sera bon

« sujet pour toute autorité, dressé pour le tyran.
« Deuxièmement son crâne ayant été forcé par
« cette opération barbare, il ne sera pas fou,
« mais infirme d'esprit, disposé à traîner dans
« les voies de routines, sans initiative, sans
« vigueur, sans invention. (1) »

Mais hélas! le peuple a souvenance qu'en 1848 le clergé bénissait les arbres de la Liberté, et, de cette bénédiction, les arbres sont morts!

L'expérience est faite. Quelle que soit la bonne volonté du pape envers le Gouvernement capitaliste, les adhésions plus ou moins franches du clergé à la République bourgeoise, cette expérience a démontré combien funestes étaient les conséquences d'une pareille confiance.

Et le prolétariat répète le proverbe espagnol: « Il faut se méfier de l'âne par derrière, du bœuf par devant, du prêtre de tous les côtés. » (2) C'est bien là cette fois la sagesse des nations.

---

(1) MICHELET. *Nos Fils.*

(2) Que comptez-vous demander à l'Assemblée ? disait M. de Coigny en 1789 à un paysan de son baillage, élu député. — La suppression des pigeons, des lapins et des moines. — Voilà un rapprochement assez singulier ? — Il est fort simple, Monseigneur : les premiers nous mangent en grains, les seconds en herbe, et les troisièmes en gerbe. (*Correspondance de* GRIMM, 1738-1789).

## XIII

« Les chaines et les verges de l'esclavage — a dit Lamennais — c'est la faim. ».

Profonde parole; vraie aujourd'hui comme à l'époque où le socialisme était à peine naissant, et où le peuple n'avait aucune connaissance des conditions économiques de la production.

Et de fait c'est sur cela que compte la classe dirigeante, décidée à user de tous les moyens pour retenir dans le salariat la population ouvrière.

Le régime capitaliste permet à ceux qui disposent de la fortune d'avilir les salaires et de les réduire autant qu'ils le veulent.

Le marchandage les rend maîtres des taux. Le machinisme, se substituant à la force de l'homme, a diminué la commande des bras et est venu apporter un nouvel appoint à l'exploitation patronale.

Autrefois, avec le petit patron, on n'avait pas à craindre ces coalitions qui ferment, à un jour donné, tous les ateliers d'une région et arrêtent toute une industrie (1).

---

(1) On se rappelle que l'an dernier les fabricants de papier de paille du centre de la France, — et c'est la très grosse majorité des fabricants français — en conformité d'un enga-

D'ailleurs, dans le système du patronat, le prolétaire avait affaire à un homme et, quelque mauvaise que puisse être la conscience d'un homme, on trouve encore chez lui la possibilité d'un éclair de raison, de justice ou d'humanité.

Avec le système nouveau, l'ouvrier n'a plus devant lui qu'un chiffon de papier anonyme. Où donc chercher la place du cœur, où trouver la conscience dans un chiffre ?

Ces actionnaires assemblés — qui croient au droit de vivre de leur argent, sans participation aucune au labeur — sont loin des conditions mêmes du travail. Ils ignorent, ou ne veulent pas savoir comment il s'exécute, quels sacrifices on demande, quelle dure oppression on impose aux travailleurs.

Le rendement de leur argent les intéresse seulement. Le tant pour cent est la chose unique qui les préoccupe.

Mais à côté d'eux sont les gros financiers, les administrateurs. Je ne veux même pas parler de leurs employés qui, à force de zèle, — lisez : tracasseries et oppression — cherchent l'avan-

---

gement pris et signé à la chambre de commerce de Limoges, ont commencé à suspendre la marche de leurs usines pendant 36 heures par semaine, du samedi soir au lundi matin, « pour amener une augmentation du prix du papier. »

cement et l'augmentation de leur traitement!

Ces financiers, ces administrateurs, eux, se rendent bien un compte exact de la manière dont est mené le bétail humain, auquel si parcimonieusement ils mesurent la vie.

Sous les prétextes les plus divers, présentés avec l'hypocrite étiquette d'œuvres de bienfaisance et de philanthropie, ils rivent plus sûrement les ouvriers au servage. (1)

Que sont les corons dans les mines? Sinon le groupement profitable à l'employeur des ouvriers nécessaires à son exploitation, la surveillance plus facile de leur manière de vivre, la main-mise d'une façon plus complète sur leur indépendance.

Et encore, est-ce au moins un adoucissement aux charges du prolétariat?

Il faut bien peu connaître la rapacité des exploiteurs capitalistes ! Ce logement qu'ils donnent à loyer pour 60 francs par an leur rapporte plus de cinq pour cent de leur argent.

Je connais tel rentier de l'État, tel déposant

---

(1) C'est bien le cas ici de rappeler la pensée du philosophe de Port-Royal :

« Es-tu moins esclave pour être aimé et flatté de ton maître ?

« Tu as bien du bien, esclave : ton maître te flatte, il te battra tantôt. »

PASCAL.

de la Caisse d'Epargne qui envieraient ce placement.

C'est dans ces conditions d'existence que se débat le salaire. « Tu penseras comme nous, sinon l'expulsion du logis » — comme à Rive-de-Gier ; — « sinon plus de travail ; et alors la misère pour toi, la faim, la cruelle faim pour ta femme et tes enfants. »

Et sous cette menace terrible, — qui frappe l'homme non seulement dans sa chair et sa personne, mais encore et surtout dans ce qu'il a de plus cher, ses enfants — on exige les labeurs écrasants et les capitulations honteuses. Plus de liberté d'agir ni de penser autrement que le patron.

Cela s'est produit jusqu'à ces temps derniers. Mais une ère nouvelle est ouverte. Peu à peu, la loi économique du travail et de la production a pénétré les masses profondes du prolétariat et déjà, à diverses reprises, le capital et le travail se sont trouvés face à face.

La légitimité de la propriété capitaliste a été contestée; et il est aujourd'hui avéré que la prépotence du capital est un crime monstrueux, un empiètement effronté sur les droits du travail. S'il a pu rester le maître, c'est grâce à la complicité des pouvoirs publics et à l'appui de la force que la Société bourgeoise a mise à sa disposition.

## XIV

J'entends bien ce que hurlent à chaque séance les députés bourgeois, quand nous défendons le peuple : « Le peuple, mais vous ne le représentez pas plus que nous. Nous lui sommes autant et plus sincèrement dévoués que vous. » Et tous avec ensemble d'accuser les socialistes de rechercher une popularité malsaine dans la propagande d'utopies irréalisables !

Peu nous chault des attaques et des calomnies; mais ces affirmations d'amour du peuple ne rappellent-elles pas invinciblement cette Assemblée de 1848 qui fit les journées de juin et qui perdit la République ? C'étaient là aussi les cris journaliers, les prétentions quotidiennes.

On sait quelles en furent les manifestations: la plus sanglante et la plus criminelle des répressions.

N'est-ce pas cet amour qu'exprimait Sénart lorsque, parlant des révoltés de juin, il s'écriait: « Fusillons-les, mais ne cessons pas de les chérir ? »

Eh bien ! de pareilles tendresses épouvantent le peuple. Et maintenant qu'il sait que, seul son travail est la source intarissable du luxe des parasites, il veut avoir grande, libre, égale sa place au banquet de la vie.

Il connaît l'histoire de la propriété minière. Il sait que — dans telle mine, les actions au début étaient de 300 francs, et qu'elles valent aujourd'hui près de 30,000 francs, sans que son salaire ait sensiblement changé, sans qu'aucune de ses misères ait été adoucie, aucune de ses souffrances soulagées (1).

Et pourtant, seul il a travaillé, seul il a assuré la production, seul il a augmenté le rendement d'argent, cependant que les capitaux oisifs, inactifs profitaient seuls de toute l'activité et de toute l'intelligence du prolétariat.

Il sait aussi que, dans le plus grand nombre de cas, cette soi-disant propriété est l'objet de concessions presque gratuites, faites selon le bon vouloir.

Croit-on que ces constatations ne suffisent pas à l'éclairer sur la justice de sa cause?

Oui, la crainte de la faim a retenu le peuple pendant longtemps, mais alors il était ignorant, isolé. Aujourd'hui, d'un bout à l'autre de l'uni-

---

(1) Le denier d'Anzin, a dit M. MILLERAND, était en 1757, quelque temps après la concession, d'une valeur de 300 à 400 francs. En 1872, il valait 1,200,000 francs.

... Pour la compagnie de Lens, il a été, en 1835 émis 3,000 actions de 1,000 francs sur lesquels il n'a été versé que 300 francs. Ces titres acquis moyennant un débours de 300 francs, se vendaient, le 31 décembre 1892, au prix de 28,000 francs. (CLÉMENCEAU : *La Mêlée Sociale*.)

vers, les prolétaires, les serfs de la haute finance se sont connus, ont discuté leurs intérêts ; ils se sont associés et ont pris conscience de leurs forces.

Ils ont vu que leur abaissement et leur renoncement ne les garantissaient pas même contre les dures atteintes de la famine, puisque l'internationalisme capitaliste — celui que ne conspue pas la réaction bourgeoise — savait arrêter sans pitié le travail sur un point pour favoriser l'écoulement des produits d'un autre chantier, ou pour empêcher la surproduction et l'accumulation de la matière fabriquée.

Demandez aux mineurs de Carmaux, chez lesquels on restreignit, presque jusqu'à la supprimer, l'extraction du charbon pour favoriser l'écoulement des produits de Graissessac.

## XV

Dans cette période, si lumineuse par le génie et la grandeur des conceptions, qui précéda la Révolution française, quelques esprits d'élite avaient la prévision de ce que devrait être la Société établie sur les règles du juste.

Vaucanson venait de faire une révolution dans les arts mécaniques, non seulement par ses automates, mais par ses moulins et métiers. Il espérait affranchir le travail d'une partie de sa lourde peine. Les Lyonnais pourtant s'insurgeaient contre ses inventions : « Qu'allons-nous « faire de nos bras? — Eh bien! braves gens— « répondait Vaucanson — vous aurez le temps « d'embrasser vos femmes (1). »

Touchante parole et combien humaine. Un révolutionnaire de nos jours ne dirait pas mieux. Mais, hélas! loin de le faire plus libre, la machine a rendu plus dur le servage de l'ouvrier.

Au lieu — ce qui sera un jour — d'être pour lui un auxiliaire, un aide, diminuant le temps passé au travail, épargnant à ses bras, à son corps, les écœurantes et écrasantes besognes, elle est devenue un instrument d'oppression.

Détenue exclusivement par le capital elle s'est faite l'alliée de celui-ci. Produisant plus vite, elle a servi de prétexte à l'emploi d'un moins grand nombre d'ouvriers; de ce fait la demande du travail est devenue plus grande et, par suite, les salaires se sont avilis. Ceux-là qui n'avaient seulement pas de quoi se nourrir à leur faim ont encore été obligés de se contenter d'une paie plus faible, et l'on peut dire d'eux qu'ils travaillent non pour vivre mais pour ne pas mourir.

Et quelle répercussion! En produisant plus

---

(1) ARSÈNE HOUSSAYE. — *Galerie historique du XVIII<sup>e</sup> siècle*

vite et plus, on est arrivé à une surproduction telle que, chaque jour, le besoin de main-d'œuvre diminue et que l'armée des miséreux sans travail augmente sans cesse.

Le capital peut attendre; en est-il de même des estomacs prolétariens? Femmes et enfants veulent vivre, et c'est surtout contre les riches que la faim est mauvaise conseillère : *Malesuada fames.*

Parmi ceux qui attaquent les socialistes, les moins violents regardent leurs théories comme les rêveries de cerveaux creux ; ne serait-ce pas plutôt l'affirmation des consciences pitoyables aux ventres creux ?

Peut-on croire que la bêtise humaine soit encore assez grande pour accepter les tortures de la faim sans rien tenter pour sortir de cette situation affreuse? Il se fait chaque jour, au foyer désolé et froid du pauvre, le scandaleux parallèle entre le bien-être, l'excès de luxe, la pléthore de jouissances de ceux qui ne produisent rien, ni ne travaillent aucunement et l'excessive misère des autres qui — le voulant de toute leur âme, de toutes leurs forces — ne peuvent même avoir une parcelle de travail.

Il est, hélas ! bien loin des pensées de la société actuelle, le rêve généreux d'un loisir s'augmentant sans cesse et permettant à l'ouvrier les joies de la famille, l'instruction possible et surtout l'éducation paternelle aux enfants. « Vous aurez le temps d'embrasser vos femmes ! » C'est à-dire la dignité, la joie rendue au ménage. Vaucanson serait de nos jours considéré comme un meneur dangereux et coupable, pour oser seulement songer d'une pareille liberté laissée au prolétaire, que la bourgeoisie féroce veut abrutir par un labeur sans trêve ou dégrader par la misère sans issue.

Mais l'idée fait son chemin. Déjà, partout, on réclame moins d'heures de travail et — sublime aspiration du peuple ! — non pas seulement pour le repos plus grand, mais surtout pour la possibilité de s'instruire davantage et d'abolir les concurrences au rabais, les marchandages spoliateurs, en un mot, de trouver pour tous le nécessaire.

Non, ce n'est pas un instinct de paresse, mais une haute conception de solidarité que le mouvement prolétarien pour la diminution des heures de travail. Et cela est si vrai que, comme corollaire indispensable, le prolétariat réclame le minimum des salaires.

Mais à cela, l'impitoyable capital s'oppose. Opposition imbécile, car de telles réformes eussent pu retarder encore l'éclosion de la Révolution libératrice; opposition bénie, car elle montre définitivement, sans ambages, sans illusions possibles, qu'il n'y a rien à attendre d'u monde organisé économiquement et politiquement comme le nôtre.

Proudhon disait : « Il y aura des révolutions « jusqu'à ce que la Révolution soit faite ». Eh bien, non, il n'y aura plus de révolutions; grâce à l'égoïsme implacable de la bourgeoisie dirigeante, il n'y aura que la Révolution ; tout le monde le sent, tout le monde le comprend, même ceux qui résistent (1).

Les dirigeants le savent, mais ils espèrent un délai pour achever leur vie de jouissances et ils ne veulent pas voir au-delà (2). Louis XV, lui aussi prévoyait les temps nouveaux de 1789 ; il se

---

(1) « On touchera sans doute à des stations pénibles : le monde ne saurait changer de face sans qu'il y ait douleur ; mais encore un coup *ce ne seront pas des révolutions à part, ce sera la grande révolution allant à son terme.* » (CHATEAUBRIAND : *Mémoires d'Outre-Tombe*).

(2) « Et cependant les illusions surabondent, et plus on *est près de sa fin plus on croit vivre.* On aperçoit des monarques qui se figurent être des monarques, des ministres qui pensent être des ministres, des députés qui prennent au sérieux leurs discours, des propriétaires qui, possédant ce matin, sont persuadés qu'ils posséderont ce soir... Auprès des mesquines loteries contingentes, le genre humain joue la grande partie. Les rois tiennent encore les cartes, et ils les tiennent pour les nations. Celles-ci vaudront-elles mieux que les monarques ? Question à part, qui n'altère pas le fait principal... *De quelle importance sont des amusettes d'enfants, des ombres glissant sur la blancheur d'un linceul.* » (CHATEAUBRIAND).

laissait aller quand même aux plaisirs, ne voulant voir que lui et disant à ceux qui lui montraient l'abîme où courait la royauté : « Après moi le déluge. »

L'heure a sonné! Le mouvement merveilleux de la Révolution française a pu être confisqué par la bourgeoisie qui, depuis quatre siècles, se préparait et que l'instruction acquise appelait à prendre la direction des affaires. Mais ces mandataires infidèles voient leurs agissements découverts. Le peuple demande des comptes; on les lui refuse. Il demande sa part égale dans la vie sociale ; on le bafoue. On croit le berner, le tromper. Erreur : on l'a rendu plus fort pour comprendre, et pour prendre ce qu'on ne veut pas lui donner.

## XVI

J'entends le reproche: « Vous ne parlez que
« des ouvriers. Tel peut être leur état d'âme, mais
« croyez-vous que le pays les suive, et ne voyez-
« vous pas les masses paysannes se levant effrayées
« frayées contre le mouvement révolutionnaire? »
« naire ? »

Ce fut longtemps une tactique du parti bourgeois de présenter comme antagoniques les intérêts des travailleurs des champs et de la ville.

On a de même, pendant de longues années, exploité cette grossière invention contre la République.

Les gens, qui se font un monopole du patriotisme, ne craignaient point de jeter ainsi la zizanie et la discorde entre les diverses fractions de la population et de tâcher à les diviser d'une manière irrémissible. Au lieu de concourir à la pacification des esprits, de faire disparaître tout ce qui pouvait être une cause d'erreur dans les relations sociales, ils grossissaient au contraire et attisaient les haines séculaires, se souciant peu d'avoir une France unie pourvu qu'ils eussent une France asservie.

Mais, malgré eux, le rapprochement s'est fait, et ces frères que leur égoïme avait un moment rendus ennemis se sont reconnus.

L'expérience et l'instruction leur ont démontré que des répercussions, utiles ou mauvaises, s'exerçaient de l'un à l'autre, et que leur prospérité ou leur malheur avaient des causes communes.

La campagne est devenue aussi attachée à la République que la ville ; les élections le démontrent chaque jour. Et l'esprit pratique du paysan devait facilement en mesurer les conséquences et ne plus s'en effrayer.

Plus encore qu'à certains artisans, la rude poigne du maître se fait sentir au prolétaire des champs dans le contact journalier avec l'égoïsme propriétaire. Dès qu'il a commencé à réfléchir, à penser, il a vu que ceux-là répugnaient le plus à la République qui voulaient conserver intacts les privilèges exorbitants.

Aussi c'est surtout contre eux qu'il a commencé à lutter, et c'est de leur tyrannique influence qu'il a voulu secouer le joug en venant au gouvernement républicain.

Il faut bien reconnaître, d'ailleurs, qu'il ne pouvait avoir aucune confiance au régime parlementaire dont l'unique réforme est le changement de personnes.

Son mépris était absolu pour les politiciens, et il ne se donnait même pas la peine de choisir ses élus, laissant en place celui qui y était déjà sous le prétexte suffisamment dédaigneux « qu'il valait mieux engraisser un gras qu'un maigre. »

C'est dire quel respect il professait pour les parlementaires qui, du reste, faisaient tout pour augmenter cette prévention. Qu'était-ce après tout pour eux que le paysan? Une espèce de brute à laquelle on ne demandait qu'un labeur écrasant et, à certaines périodes, des votes qu'on avait bien soin de lui dicter, sous la menace de suppression de travail.

Il faut en rabattre à l'heure présente où l'instruction a, petit à petit, pénétré jusqu'au fond des hameaux. D'un autre côté, grâce à la puissance de travail des campagnards, ceux-ci ont fini par conquérir une indépendance plus grande; les relations plus faciles et plus répétées avec la ville ont élargi le cercle de leurs idées; les fils revenus du service militaire ont rapporté des pensées nouvelles; la superstition a diminué et avec ces germes féconds d'indépendance, l'esprit d'examen a conquis leur conscience.

Ce jour là, il a fallu changer la tactique.

Les bourgeois, alliés du capitalisme, ont alors transformé leurs moyens de propagande. Ils se sont faits les flatteurs de l'agriculture, ils l'ont louée dans des dithyrambes superbes.

Mais, de même que les paysans avaient rapporté de l'école la forte impression des sentences du fabuliste, et qu'ils avaient répété : « Notre ennemi c'est notre maître », ils se sont aussi rappelé que : « Tout flatteur vit aux dépens de « celui qui l'écoute. »

Ils ne se sont pas trompés longtemps aux sonores déclamations des soi-disant protecteurs de l'agriculture; et leur bon sens leur a montré le leurre fallacieux des mesures que l'on édictait, disait-on, uniquement pour les favoriser.

Ah ! on a pu faire croire un instant à l'efficacité de la protection à outrance et des tarifs douaniers; mais la leçon du temps a promptement dissipé cette erreur.

Les droits sur les blés, sur les vins étrangers, etc., n'ont en rien profité, aux producteurs directs, mais seulement aux intermédiaires et aux gros capitaux qui monopolisent les achats et font la loi sur le marché. Par contre, ils ont fait croître dans une très forte proportion le prix des objets manufacturés.

De même que la folie protectionniste, dont souffre tant aujourd'hui le petit commerce, n'a en rien profité à la démocratie ouvrière, elle n'a non plus soulagé en rien la démocratie rurale.

On peut même affirmer qu'elle n'a été, pour toutes les deux, qu'une nouvelle cause de souffrances.

D'ailleurs, mis au pied du mur, ces défenseurs si dévoués dans leurs superbes discours, aux ouvriers de la terre n'ont pas tardé à laisser passer le bout de l'oreille.

Quand les socialistes demandent la suppression de l'impôt foncier, on ne trouve pas une majorité pour faire aboutir cette réforme ; quand les socialistes réclament la suppression des privilèges et des charges somptuaires, nos bons bourgeois s'empressent, à l'envi, de les vouloir maintenir ; quand les socialistes demandent le retour des chemins de fer à l'Etat — ce qui amènerait l'abaissement très considérable des prix de transport, et faciliterait les transactions — les dirigeants gardent pour les grandes compagnies toutes les tendresses vraies ; et, bien peu alors, pèsent dans la raison de leurs votes les fausses déclamations pour le producteur des champs.

Le paysan lit à l'heure actuelle ; il a compris ce qu'il y a de vrai dans les calomnies dont on accable le socialisme. On ne l'effraye plus avec les gros mots. Allez lui parler des partageux, et vous verrez quels rires vous accueilleront.

Comme les ouvriers des villes, les paysans sont assoiffés de justice (1), et ils comprennent

---

(1) Jules Simon écrivait récemment :

« Les conservateurs se disent pour se rassurer que les paysans n'achètent point de journaux et qu'ils ne vont pas aux conférences, qu'ils sont routiniers et casaniers, qu'on formera difficilement de grands courants dans cette multitude d'isolés, que la propriété territoriale est divisée en parcelles de plus en plus minimes, qu'il y a deux millions de propriétaires parmi nos paysans, et que ces propriétaires le sont jusqu'aux dents.

« Ces beaux raisonnements ne me tranquillisent qu'à demi. Je crains bien que ce paysan, sur lequel on compte, ne soit plus l'ancien paysan. Il y a eu bien du changement depuis un quart de siècle.

» Le paysan d'autrefois ne savait pas lire. Il n'en est pas de même aujourd'hui. On a répandu dans les écoles et dans les bibliothèques populaires de petits livres dont on n'a pas toujours mesuré la portée. On a créé une matière abonnable pour les journaux à un sou, introduit dans la vie plus de bien-être, et même un certain luxe. En même temps, on a donné lieu à des convoitises... Les conservateurs ont eux-mêmes préparé les paysans à devenir pour les socialistes un auditoire docile... »

quelle grandeur il y a dans la lutte sociale pour la vérité et le droit. L'hymne révolutionnaire, tout d'amour pour les petits, de pitié pour les faibles, de revendication pour les parias et les exploités, est devenu leur chant sacré.

Et, comme leurs ancêtres, remplis d'une sainte émotion, ils se sont levés, prêts à marcher, au vieux cri : « Guerre au château, paix aux chaumières ! »

## XVII

Nul ne le peut nier ; le socialisme a commencé la conquête des champs. Tous les journaux réacteurs le reconnaissent et jettent le cri d'alarme.

Cela était facile à prévoir. Le malentendu devait cesser à la première entrevue. La logodiarrhée des conservateurs ralliés et des satisfaits opportunistes ne pouvait plus longtemps influencer la haute et saine raison de nos campagnards.

Les repus de la République bourgeoise — ardents réformateurs jusqu'à leur avénement au pouvoir — n'ont rien changé aux exactions et aux contraintes qu'ils subissaient ; et les campagnards ont alors tourné leurs espérances vers le socialisme qui se réclame du programme de justice et d'égalité démocratiques, qu'aux diverses périodes historiques d'émancipation, acclamaient leurs pères, les Jacques.

Un jour, dans un club, Chamfort monta à la tribune pour parler du despotisme et de la démocratie. Tout son discours tint dans une phrase. « Moi tout ; le reste rien : voilà le despo-
« tisme. Moi, c'est un autre, un autre c'est moi : voilà la démocratie. »

On se croirait encore à l'aurore de la Révolution, tant ce discours est toujours d'actualité!

Le despotisme du capital cent fois plus inique, plus injustifié, plus bas — puisqu'il ne s'inspire que des appétits d'un abject égoïsme — s'est substitué au despotisme royal.

Ce dernier essayait de se motiver par la nécessité d'une tutelle pour un peuple incapable de faire lui-même ses affaires ; et c'est sous les apparences du bien public qu'il cachait l'inanité de son droit. Il pouvait invoquer la longue possession d'état ; dire, qu'aux âges premiers de l'histoire, la souveraineté lui avait été donnée par le consentement populaire aux Champs de Mars et de Mai.

Derrière lui se développait une longue suite de règnes, dont quelques-uns ne furent pas sans gloire; et, parmi les ancêtres, d'aucuns avaient été réellement des défenseurs pour le peuple écrasé par la noblesse.

Cette noblesse pouvait, elle aussi, se réclamer des pactes primitifs et des services rendus au temps des guerres.

En un mot, l'injustice de leur situation, la vanité de leurs prétentions se couvraient de prétextes ayant, en apparence, des fondements généreux.

Mais le capitalisme, de quoi peut-il se recommander ? Aucune raison élevée n'a jamais guidé sa pensée ; seuls les désirs effrénés de jouissances purement matérielles l'inspirent.

Quoi de plus honteux et de plus méprisable que cette tyrannie du vice s'imposant à tous ? Quelles origines ? le vol, la rapine, l'abus de confiance.

Cherchez le point de départ des grosses fortunes, vous le trouverez dans l'exploitation des hommes, et vous en verrez les bases établies sur les cadavres de milliers et de milliers d'êtres tués à la peine ou morts de faim.

Cette aristocratie de l'argent n'a jamais eu ni cœur ni honneur. Le cœur ? à quoi bon pour qui tout est matière de trafic ou de négoce. L'honneur ? allons donc, puisque c'est une chose qui se paie et dont on peut faire bénéfice.

De cette classe, les cerveaux eux-mêmes sont rebelles aux grandes et nobles idées ; rien ne reste plus en eux que la science de l'usure et du dol : l'intelligence a fait place aux appétits brutaux.

A quelques centaines de mille, ils détiennent la fortune de la France, et toujours et encore ils ne pensent qu'à augmenter leur richesse. Leur souverain modèle, celui qui fut le roi de leur cœur, Louis-Philippe, — pourtant le plus riche particulier de France, — écrivait à son fils Joinville, le 22 juin 1843, pour le féliciter d'un mariage qui assurait son « bien-être ».

Comme les anciens despotes, les nouveaux veulent être tout et que les autres ne soient rien. Chair à travail ou chair à plaisir, c'est le seul rôle qu'ils admettent pour ce qui n'est pas eux.

Il ne faut donc pas trop s'étonner de la haine aggravée de mépris que le peuple ressent pour la bourgeoisie. Tant que l'effort resta isolé, le peuple a été vaincu par l'habile organisation sociale établie par ses spoliateurs.

C'est dans des flots de sang qu'ont été noyées les revendications ouvrières ; sous les répressions les plus odieusement brutales qu'elles ont été étouffées. Juin 48 et Mai 71 resteront comme la marque infamante de la bourgeoisie, car ce sont là des signes pareils à la tâche de sang de Lady Macbeth : « L'Océan tout entier ne les laverait pas. »

Aux luttes communes, aux défaites supportées

ensemble, les hommes reçoivent des leçons qui assurent l'avenir. Ils apprennent à se connaître, à s'estimer ; ils voient les causes funestes de leur faiblesse dans le manque d'entente et d'union.

Aussi, paysans et ouvriers se sont-ils associés dans une communauté d'aspirations, d'espérances, d'énergie. Le passé leur a montré la force de la cohésion, la puissance qu'elle apportait à leurs ennemis, et combien la coalition des intérêts était un puissant levier.

La solidarité est devenue dès ce moment une vertu populaire. Les merveilleux exemples donnés chaque jour font bien voir que : « Un pour tous, tous pour un » n'est plus seulement une vaine formule. Et cela est bon ; car il est de haute et saine moralité que les justes causes finissent par triompher. La lutte s'annonce dans des conditions meilleures qu'aux temps passés.

L'égoïsme étroit a complètement disparu.

L'entente pleine et entière s'est faite entre les corporations, entre les diverses branches de la famille prolétarienne. Travailleurs de la ville ou des champs marchent résolus, sous une même bannière et avec un ensemble plein de menaces contre l'ancien monde.

Le « un pour tous, tous pour un » qui paraissait restreint aux besoins de tel ou tel groupe, s'est élargi et se comprend maintenant de l'universalité humaine.

A l'étroit égoïsme de la classe bourgeoise qui veut être tout et avoir tout, la démocratie — rayonnante des désintéressements sublimes, sans s'arrêter aux idées d'oppression ou de cruelles représailles — oppose la grandeur de son rêve d'égalité : « Un autre c'est moi ; moi c'est un autre. »

Qui peut hésiter encore et quel blasphème que de douter de la victoire !

## XVIII

Ah ! les droits douaniers ! quelle campagne honteuse de duplicité et de mensonge on a mené avec cela ! Comme on a répété sur tous les tons aux agriculteurs que là était le salut, le spécifique puissant contre la mévente et la ruine qui en découlaient ! Comme on a conspué ceux qui disaient au peuple l'immense duperie qui se cachait sous ces théories !

On les déclarait traîtres à la patrie et aux intérêts agricoles, quand ils dénonçaient les manœuvres capitalistes et les spéculations financières, dissimulées derrière ces prétendues réformes.

Les résultats leur ont, hélas! donné raison (1). Il était facile de le prédire et seul l'examen des faits eut dû démontrer les véritables intentions des outranciers de la protection. Qu'est-ce que voter des droits, si l'on n'empêche pas la spéculation de les tourner, si l'on se refuse aux précautions nécessaires? Qu'est-ce, sinon, sous un prétexte trompeur, favoriser et encourager cette spéculation?

C'était bien là l'idée de derrière la tête, puisque l'on voit les mêmes hommes repousser toutes les mesures de précautions et, entre autres, celles préconisées au comice de Châlons-sur-Marne, contre les fraudes en douane.

(1) « La Société des Agriculteurs de France vous a dit: Nous demandons des droits compensateurs, des droits qui mettent les producteurs français dans une situation équitable vis-à-vis des producteurs étrangers; nous avons des charges que d'autres n'ont pas, il faut compenser ces charges par des droits de douane qui viendront d'une part alléger les charges, et d'autres part établir l'équibre.

« Voilà ce que nous avons dit tous ensemble, et nous avons eu raison de le dire.

« Mais, Messieurs, voilà que cette théorie se trouve absolument faussée, et que les désillusions sont arrivées. Nous sommes partis de droits compensateurs modérés, nous les avons élevés au fur et à mesure que nous avons cru que les circonstances devaient nous porter à les élever, et malgré tout nous avons vu nos produits baisser d'une façon presque continue. »

(Société des Agriculteurs de France. — Conférence de M. Lesueur, séance du 21 février 1895.)

Et quel tapage pour le vinage ou les raisins secs ! Mais en même temps on retarde toujours la réforme de l'impôt des boissons qui, — supprimant les droits de régie, l'exercice, l'impôt d'octroi — eût diminué de près de cinquante pour cent les prix et, par suite, augmenté la clientèle d'acheteurs.

Nous avons vu plus haut que l'intérêt porté aux grandes Compagnies par la bourgeoisie capitaliste la faisait s'opposer au retour complet à l'Etat, et à leur transformation en services publics, des canaux et des chemins de fer.

Quels utopistes que les socialistes qui veulent diminuer tellement les frais de transport, qu'ils ne puissent plus être considérés comme un élément important du prix des marchandises !

Quelle criminelle folie de vouloir délivrer la terre des charges qui l'écrasent par la suppression de l'impôt foncier — tout au moins pour la petite propriété — et, par la progressivité de l'impôt, non plus sur les pauvres, telle qu'elle existe aujourd'hui, mais sur la richesse, le luxe, le superflu !

Aussi avec quelle touchante unanimité, nos représentants bourgeois accueillent-ils ces propositions et quel déchaînement de sarcasmes et d'insultes !

Si l'on veut que l'outillage agricole soit fourni au prolétaire des champs par la commune et cela gratuitement; si l'on veut favoriser l'usage des engrais en les rendant accessibles à tous ; si l'on veut supprimer l'usure si terrible aux serfs de la terre; si l'on veut, en un mot, faire une réforme quelconque, dont la compensation soit établie sur l'oisiveté et l'inutilité sociales des gros détenteurs de la fortune, les farceurs qui, hier, se disaient tout dévoués à l'agriculture, font volte-face et c'est à coup de doubles bulletins qu'ils enterrent les améliorations demandées.

Paysans, nos frères, vous avez vu ces hommes à l'œuvre et vous les avez jugés. Leurs promesses ne vous touchent plus et vous leur répondez dans un haussement d'épaules par le vieil adage gascon « pla paouré qué pot pas proumetré; — bien pauvre qui ne peut promettre. »

Et déjà, d'un bout du pays paysan à l'autre, j'entends les ricanements moqueurs qui répondent aux bavassages sempiternels des réacteurs. Quand ceux-ci se prétendent les seuls soutiens des intérêts populaires, une crainte vient à l'esprit matois du campagnard, il se souvient que « la corde, elle aussi, soutient le pendu. »

Et le résultat ne saurait lui plaire.

## XIX

Mais pourtant, disent quelques-uns, si l'on voulait faire de bonnes lois, bien étudiées et bien inspirées ?

Et, bonnes gens, savez-vous ce que c'est que la loi?

Croyez-vous que ce soit le procès-verbal, toujours modifié, des remèdes apportés aux besoins publics? Pensez-vous que ce soit le registre, toujours ouvert, des mesures propres à rendre toute sécurité à la conscience humaine, à rétablir la stricte égalité, au fur et à mesure que les événements, les découvertes nouvelles, les transformations de la vie, les avatars de la production ou de la consommation détruisent l'équivalence des fonctions et des êtres?

La loi est comme la borne que le voyageur place sur son chemin : elle mesure la distance parcourue, mais le lendemain la route est encore ouverte. Plus encore : la borne du chemin n'est qu'une mesure ; la loi a la prétention d'être une solution; une solution presqu'immuable d'un état de choses changeant à l'infini et variant sans cesse , quelle folie !

C'est pour n'avoir pas vu cela que, depuis la Révolution française, tous les gouvernements ont péri, et que, malgré la proclamation des Droits de l'homme, les efforts des philosophes, les découvertes de la science, on peut dire d'eux tous, quels qu'ils soient, ce que Grégoire disait des rois : « leur histoire est le martyrologe des peuples. »

Il faut revenir à ce que nous avons dit de la loi et qui pourrait paraître obscur. Comment se font les lois et à quoi correspondent-elles ? Répondre à ces deux questions illuminera d'un jour tout nouveau l'impuissance où elles sont de remédier en quoi que ce soit au mal social.

Les lois ne sont pas un simple enregistrement des méthodes nouvelles à mesure que celles-ci sont employées ; elles ont, au contraire, une prétention de se perpétuer et de survivre à l'état de choses pour lequel elles ont été faites. Au lieu d'être une constatation des progrès réalisés, elles sont une digue contre la marche du progrès. En effet, quand l'injustice devient par trop criante, qu'elle fait un tel scandale que l'égoïsme lui-même s'en émeut, quand, d'un consentement unanime, d'un bout à l'autre du pays retentit une clameur de haro, il faut agir et on légifégre. Je suppose — hélas! supposition bien gratuite et que les faits démentent, — je suppose que, de bonne foi, la loi nouvelle soit la conséquence de ce changement de mœurs, que nulle hypocrisie ne se cache sous ses nombreuses formules, que nul piège ne se dissimule dans ses articles, et que l'égoïsme et l'intérêt des classes dirigeantes capitulent, que sera-ce autre chose que le constat d'un progrès arraché? Progrès soit ! mais non toujours perfectible — ce qui est l'essence du progrès — grâce au caractère de perpétuité et d'immutabilité que les législateurs veulent donner à la loi (1).

Or, le progrès qui s'arrête, ne fût-ce qu'un instant, qui est retardé dans sa marche, qui ne progresse pas sans cesse en un mot, est un progrès mort et inefficace. C'est de lui qu'on peut dire avec le poète : « Je ne fis que passer, il n'était déjà plus. »

On raconte que le duc de Lauzun, séparé d'avec sa femme depuis plus de dix ans, déjeûnait un jour en joyeuse compagnie. Par manière de plaisanterie, un de ses camarades lui dit : « Lauzun, que dirais-tu, si l'on t'annonçait que

---

(1) « Rien n'est si fautif que ces lois qui redressent les fautes; qui leur obéit parce qu'elles sont justes, obéit à la justice qu'il imagine, mais non pas à l'essence de la loi: elle est toute ramassée en soi; elle est loi et rien davantage. Qui voudra en examiner le motif, le trouvera si faible et si léger que, s'il n'est accoutumé à contempler les prodiges de l'imagination humaine, il admirera que quelques siècles lui aient tant acquis de pompe et de révérence. » Cette pensées de Pascal explique l'état d'esprit des législateurs.

ta femme vient d'accoucher d'un garçon ? » Lauzun réfléchit un instant et répondit : « Je lui écrirais : je remercie le ciel, Madame, qui enfin a béni notre union (1) ».

N'est-ce pas là l'histoire de notre législation bourgeoise ? Quand après avoir — pendant hélas ! plus de dix ans — nié le progrès, rompu l'alliance avec lui, nos dirigeants sont acculés à une concession, à un changement, ils s'écrient, comme Lauzun, avec un enthousiasme résigné : « Remercié soit le ciel qui bénit l'union de la raison et du progrès ».

Quelle leçon pour le peuple ! Puisqu'ils sont si heureux de ce qu'on leur arrache, il faut redoubler d'efforts et de volonté pour réaliser l'état nouveau : leur bonheur alors ne connaîtra plus de bornes.

## XX

On le voit : les lois sont impuissantes à amener l'ère si désirée de justice et de vérité, vers laquelle tendent tous les esprits droits et généreux. C'est à peine si quelquefois elles peuvent être un palliatif.

C'en est donc fait de la théorie si longtemps

---

(1) CHAMFORT.

ressassée « marcher lentement pour arriver sûrement ».

Ce progrès incessant dont parlent si abondamment les politiciens et qui devrait être la règle, n'est qu'une hypocrisie honteuse tant que les intérêts ne sont pas communs et que les droits ne sont pas égaux.

Le caractère permanent des lois est certainement une des causes principales de la crise que nous traversons. Les principes si vantés du code civil, dont on veut toujours les faire découler, ne sont pas un des facteurs les moins importants dans l'état d'inquiétude dont nous supportons le poids (1).

(1) « A force de travail, dit M. Malleville, nous parvînmes à faire un code civil en quatre mois.. » — « Un code n'est pas une œuvre d'art, et peu importerait à sa valeur l'absence de ce mérite, *si d'ailleurs il réfléchissait complètement l'état social pour lequel il serait fait* ». — *Histoires des principes des institutions et des lois de la Révolution française*. — M. F. LAFERRIÈRE, 1850. — « Ce n'est pas dans un tel moment, que l'on peut se promettre de régler les choses et les hommes avec cette sagessse qui *préside aux établissements durables*. — Discours préliminaire du projet de code.

« Le code civil ne saurait nous inspirer nulle superstition. Il n'a évidemment nulle valeur doctrinale. C'est une transaction faite à propos entre les partis fatigués de lutter, et incapables de s'entendre. Rien de plus. Quelle pouvait être la portée d'esprit de ses rédacteurs lorsqu'ils ont dit que la propriété était le droit d'user et d'abuser et lorsque, à propos du droit de tester, ils ont qualifié les dispositions du testateur de libéralités ? Qu'on leur

Etablis pour une époque tout autre ils ont pu rendre des services. Nul ne songe à le nier. Mais avant eux, certaines ordonnances, certains édits royaux avaient aussi consacré et amené des changements qui furent profitables aux classes moyennes.

Si les constituants de 1789 avaient tout voulu tirer de ces ordonnances et de ces édits, on se demande ce qu'aurait été la Révolution.

Le monde matériel dans son incessante variété, dans le développement éternel de ses formes ne se laisse pas arrêter par les doctrines de tel jour, de telle heure.

La science, la philosophie se transmuent et changent en même temps que lui. Les secrets

---

laisse la réputation de praticiens distingués, soit ! Mais qu'on se garde d'avoir pour eux des prétentions plus diverses ». — Courcelle-Seneuil. — *Journal des Économistes.* — *Juin 1865.*

« Il ne peut échapper à l'observateur attentif, que la société nouvelle commence à éprouver quelque gêne, à ne plus se sentir complètement à l'aise dans les limites posées par nos codes.

« Il est des points où, grâce à son développement, la société se trouve, je ne veux pas dire arrêtée, mais comprimée ; ailleurs, par une brusque transition, la loi civile ne lui offre aucun point d'appui, aucun soutien. Ici le lien est trop raide, là trop lâche. Le corps social et la loi civile ne paraissent plus exactement faits l'un pour l'autre, et rien n'annonce que ce désaccord soit chose accidentelle ou passagère. » — Rossi., 1837. — *Observations sur le droit civil français considéré dans ses rapports avec l'état économique de la société. — Mélanges T. II.*

de la nature se découvrent et, avec eux, arrivent les applications, les méthodes qui renversent les civilisations anciennes et créent les civilisations nouvelles.

Qui ne connaît l'exode de l'humanité à travers l'état sauvage, la constitution familiale de la tribu, le despotisme, le colonat, le servage, jusqu'au salariat (1)?

Mais le salariat n'existait pas en 1789! La grande industrie n'était pas encore, la culture financière du capital par la société anonyme n'était pas même entrevue ! Que peuvent donc tenir dans la direction du monde nouveau, sorti de cet état de choses, les conceptions d'hommes qui pensaient pour leur temps et leur époque ?

Mais l'Amérique naissait à peine; les moyens de communication étaient rares ; les chemins de fer n'étaient pas créés, ni l'électricité avec ses applications si diverses, toujours plus admirables et plus puissantes, ni les télégraphes, ni

---

(1) M. Arcès Sacré définit ainsi le salariat: « On ne peut nier que le salariat ne soit la continuation de l'esclavage. C'est l'esclavage transformé, mais ses rigueurs sont les mêmes. D'autre part, le capitalisme, qui est l'âme des vieilles sociétés, ne subsiste que par le salariat : c'est donc le capitalisme qu'il faut renverser pour affranchir les travailleurs. Les salariés des deux mondes se lèvent pour cette immense révolution sociale. » (*Fin du patronat.*)

le téléphone ! La machine à vapeur appliquée aux bateaux était une utopie, au dire de Napoléon ; — Thiers devait bien dire plus tard que la locomotive ne serait qu'un joujou de laboratoire ! — la colonisation était purement commerciale et pas encore agricole. Qu'étaient alors ces immenses cités de l'Australie : Melbourne (500,000 habitants) ne commença que vers 1835.

Et malgré tous ces éléments inconnus au commencement du siècle, on veut persister à régler et à ordonner tout d'après les décrets d'hommes qui n'en purent pas même avoir la prévision.

Hier encore, à ceux qui demandaient l'impôt sur le revenu et sa progressivité on répondait par un argument que l'on considérait comme décisif « la Constituante a condamné l'impôt sur le revenu, vous allez contre les principes de la Révolution. »

Enfantillages de rhéteurs creux et superficiels, basés d'ailleurs sur une affirmation erronnée.

Eh quoi ! on ne voit donc pas que la Constituante venait de changer les conditions de la propriété, qu'elle l'avait morcelée à l'infini, qu'elle en avait assuré la division constante par l'abolition du droit d'aînesse ? Dans sa conception, le revenu était seulement le produit du travail.

Elle frappait le capital et en admettant en

principe la progressivité de l'impôt, (1) croyait

(1) Ce n'est pas seulement en principe, mais bien en fait, que la Constituante établit la progressivité. Le texte de la Déclaration des droits de l'homme et du citoyen ne laisse aucun doute: la contribution devait être répartie, entre tous les citoyens, en raison de leurs facultés.

Les adversaires l'ont bien compris et c'est pour cela qu'ils n'ont pas reculé devant l'altération du texte, et qu'ils ont dit: *en proportion* de leurs facultés. M. M. F. Laferrière, professeur de droit honoraire et inspecteur de l'ordre du droit, ancien conseiller d'Etat l'avoue ingénement dans son *Histoire des principes, des institutions et des lois de la Révolution française:* « La déclaration article 13, écrit-il, dit en *raison* de leurs facultés, mais le sens de ces mots était celui que l'on attache ordinairement aux mots *en proportion*; nous employons cette dernière expression pour éviter l'équivoque qu'on a cru trouver dans les mots *en raison* lors de la constitution de 1848. Les mots *en raison* ont paru à M. Goudchaux, alors ministre, et à la majorité entraîner l'idée de l'impôt progressif... »

Combien admirable la naïveté de ce bon professeur de droit qui sait pourtant quelle valeur précieuse ont, dans l'interprétation, tous les termes d'une loi! Il faut lui tenir compte pourtant de ce qu'en altérant le texte pour le faire cadrer avec ses désirs, sa conscience de juriste lui en a imposé la restitution exacte dans une note.

Le décret du 1ᵉʳ janvier 1791 ne peu du reste laisser place à aucune équivoque. « C'est la valeur du loyer d'habitation — Laferrière, *ouvrage cité.* — que l'Asssemblée a prise pour signe de la fortune mobilière et la base de la contribution. La loi a supposé que l'importance ou la médiocrité de l'habitation révélait l'abondance ou la médiocrité *des revenus ou des ressources professionnelles*, mais comme elle était dans un ordre d'idées un peu conjecturales, au lieu de fixer le même taux que pour la contribution foncière, elle a pris pour base

assurer ainsi une juste répartition. Mais le capital alors c'était seulement la terre et les habitations.

On ne pouvait prévoir la forme qu'il a prise aujourd'hui. Comment aurait-on pu en juger les effets ?

Est-ce que le jeu de l'argent vivant de lui-même, sans aucun effort de la part de celui qui le dé-

---

de contribution mobilière le vingtième ou le dix-huitième des revenus présumés d'après la valeur locative des logements. L'impôt ordinaire était le sou pour livre (cinq pour cent) du vingtième des revenus ainsi présumés. Le décret du 1er janvier 1791 contient des tables de proportions entre le loyer et le revenu. C'était donc bien un impôt sur *les revenus* que l'Assemblée Constituante a voulu créer en établissant la contribution mobilière.

« Les tables de proportion figurant au décret du 1er janvier 1791, partent de cette observation de fait, que le pauvre met dans la dépense de son loyer une part de son revenu plus forte que le riche. Ainsi quand le loyer est au dessous de 100 francs, il est censé représenter la moitié du revenu ; de 100 francs à 500 francs le 1/3 ; de 500 francs à 1,000 le 1/4; de 1,000 francs à 1,500 francs le 1/5, etc., le dernier degré de l'échelle est pour le loyer de 12,000 francs et au-dessus; alors il est censé représenter le 1/12 du revenu (*ibid*). »

A moins de mauvaise foi absolue on ne peut nier que ce ne soit là un impôt progressif en raison des facultés supposées !

D'ailleurs le décret du 13 janvier 1791 confirme péremptoirement cette interprétation en édictant textuellement : « l'homme riche sera atteint plus fortement par la progression graduelle de ses revenus, »

tient, mais seulement par le travail des autres, était à cette époque de pratique courante?

Ah, certes, s'ils avaient pu prévoir la formation d'une société capitaliste, s'ils avaient pu soupçonner la constitution d'une aristocratie de l'argent se substituant à l'autre, ces grands démolisseurs qui, en quelques mois, changèrent la face de la France, n'eussent pas hésité à prendre les mesures efficaces.

Pourquoi donc s'obstiner à faire contenir dans un cadre ancien tout un système dont les dimensions sont agrandies, les formes transformées, si ce n'est pour conserver intacts les privilèges d'une classe, et pour empêcher l'arrivée au grand jour de l'égalité de la très grande majorité du peuple à laquelle les conquêtes de la Révolution ont si peu profité?

## XXI

Quelques braves gens, très convaincus que les critiques faites contre la société actuelle sont parfaitement motivées, s'effrayent pourtant de voir que le peuple marche trop vite et craignent que ce ne soit compromettre le succès final.

Les mêmes reproches ont été adressés à d'autres époques à tous les progressistes, et, c'est à eux que répondait Bacon, quand il disait qu'il fallait « recommencer l'entendement humain ».

Bien des faits nouveaux ont surgi dans l'ordre scientifique et économique, comme dans les méthodes philosophiques, depuis que le chancelier anglais émettait cet aphorisme. Par la diffusion de l'instruction, qui a pénétré un peu partout, on peut dire qu'en fait l'entendement humain s'est complètement transformé, qu'il s'est recommencé. A ce nouvel état d'esprit doit fatalement correspondre un ordre matériel nouveau, de là le commentaire de Chamfort : « Il faut recommencer la société humaine. »

Ne voit-on pas, en considérant l'histoire des révolutions antérieures, que leur demi-avortement tient surtout à ce qu'elles se sont bornées à proclamer quelques principes généraux et à essayer de les combiner avec les formes et les préjugés antérieurs à elles ?

Déjà, en 1791, le grand penseur que nous venons de citer, disait de cette manière de procéder qu'elle entraîne la perpétuité des vieux errements (1) :

---

(1) Et l'Assemblée Constituante, dans son adresse de février 1790 : On nous reproche trop de précipitation... ? C'est en attaquant, en renversant tous les abus à la fois qu'on peut espérer de s'en voir délivrer sans retour. Alors seulement chacun se trouve intéressé à l'établissement de l'ordre. *Les réformes lentes et partielles ont fini par ne rien réformer.* L'abus que l'on

« Il semble que la plupart des députés à l'As-
« semblée nationale n'aient détruit les préjugés
« que pour les prendre ; comme ces gens qui
« n'abattent un édifice que pour s'en approprier
« les décombres ».

C'est le juste reproche que le prolétariat adresse de nos jours à la bourgeoisie.

Et, en effet, qu'avons-nous vu dans la période d'éclosion des révolutions, auxquelles le peuple a pourtant plus que tous autres prêté un concours utile ? On a semblé accorder quelques satisfactions aux légitimes aspirations de la démocratie ; mais, petit à petit, sous des prétextes divers, les libertés si difficilement acquises ont été supprimées et, pour ne parler que de nos jours, ne voit-on pas quel retour en arrière accomplit journellement le Parlement ?

Les idées de réaction sont redevenues en faveur. Le principe le plus cher à la démocratie — la séparation absolue de l'ingérence religieuse dans les affaires de l'Etat — est résolument abandonné ; les attentats contre la liberté sont à l'ordre du jour d'un gouvernement dont l'unique pensée est la restauration d'une autorité sans contrôle et indiscutée.

La liberté de la presse est menacée. Contre

---

conserve devient l'appui, et bientôt la restauration de tous ceux qu'on croyait avoir détruits. » — *Histoire parlem.* 4-332.

elle s'élèvent toutes les colères des assouvis que trouble dans leur quiétude le rappel aux promesses et aux doctrines professées jadis.

Déjà il a été question de fermer la tribune.

Ce n'est pas en empruntant quelque chose à cette société qui se décompose que l'on peut espérer fonder l'ordre nouveau. Tout rapiéçage est malsain ; plus encore, il est nuisible.

J'entends bien les clameurs qui de tous côtés s'élèvent contre cette théorie. « Mais vous prêchez le désordre. » Le désordre ! là où règne l'anarchie économique, administrative, gouvernementale ? cela dépasse les limites du bon sens.

« Quand Dieu créa le monde, — répondait « Chamfort — le mouvement du chaos dut faire « trouver le chaos plus désordonné que lors« qu'il reposait dans son désordre paisible. »

Et comme on ne se laissait pas convaincre, qu'on continuait à vouloir pétrir le monde nouveau avec l'argile du monde ancien, que les craintes allaient croissant d'un changement complet, qu'on niait la nécessité d'un ordre social différent pour des mœurs différentes et qu'on lui criait, comme de nos jours : « Réformez ; ne détruisez pas. » Il disait cette parole sanglante : « Vous voudriez bien qu'on nettoyât l'étable d'Augias avec un plumeau. »

## XXII

Quelque persuadés que nous soyons de la vérité de cette thèse, et quoique l'expérience des faits l'ait absolument démontrée, nous n'en avons pourtant pas fait la règle immuable de notre conduite.

Au contraire nous nous sommes prêtés, nous nous prêtons encore aux expériences que l'on veut faire, et la conduite du parti socialiste à la Chambre a toujours été d'accepter les réformes même incomplètes qu'on lui proposait.

Sans croire aux résultats annoncés, en faisant nos réserves, nous avons appuyé, dans ce que nos adversaires présentaient, tout ce qui se rapprochait le plus de nos doctrines.

C'est ainsi que nous avons voté les lois relatives au travail, celles sur la responsabilité des accidents, sur la retraite des mineurs, les sociétés coopératives, le crédit agricole. Il faut en effet que ces expériences soient faites, pour que tous soient persuadés de leur inanité ; et que personne ne puisse plus désormais se laisser entraîner aux logomachies endormeuses de ceux, honnêtes ou perfides, qui, consciemment ou inconsciemment, nient la vérité de l'idée socialiste.

Il est du reste de nos politiciens qui croient à

la vertu spécifique des replâtrages, comme ces fabricants d'antiquités qui confectionnent une Vénus avec le torse d'une Diane, les bras d'une Hébé, les jambes de Ganymède.

Pour eux, avancer sagement et prudemment dans la voie des réformes doit se faire un peu comme Jeannot raccommodait son couteau, changeant la lame aujourd'hui, le manche demain et ainsi de suite à perpétuité.

C'est la révolution en permanence au lieu du changement d'un jour mettant tout au point.

Mais encore est-il de ceux-là, et quelques-uns sincères, manquant de cette foi ardente qui soulève les montagnes, veulent marcher par étapes.

C'est en sociologie, la tactique des petits paquets !

Parmi les partisans de cette méthode, de cette manière de procéder, il faut distinguer, comme nous l'indiquions, entre ceux qui se trompent et sont de bonne foi, et ceux qui trompent, essayant de limiter de plus en plus ce qu'on arrache à leur égoïsme.

Nous ne devons donc pas raisonnablement nous refuser aux essais ; ni, partisans trop absolus du tout ou rien, rejeter ce qui marque un pas, un effort en avant, si petit soit-il.

Devant les résultats, les gens de bonne foi mieux éclairés reviendront à une plus saine appréciation des moyens, et la lumière sera faite sur les véritables intentions de ceux qui ne sont que des habiles.

Dans un excellent discours qu'il prononçait à l'inauguration de la rue Jean-Leclaire, M. Paul Doumer déclarait que : « l'organisation
« actuelle du travail était une organisation mo-
« narchique et qu'elle était considérée par tous
« comme une organisation mauvaise. »

Nous retenons quelques-unes des paroles de cet apôtre de la coopération et de la participation aux bénéfices.

« Le commencement de ce siècle avait vu la
« transformation de l'industrie moderne en
« une grande organisation doublement collec-
« tive par la collectivité des capitaux et la col-
« lectivité des bras. Cette organisation-là, tout
« empirique, était née de la force des choses,
« du chaos apporté dans l'industrie, au point
« de vue social, par les nouvelles inventions
« qui avaient subitement surgi et modifié les
« conditions de la production. Il s'était produit
« alors une organisation du travail qui ne pou-
« vait être durable, celle que vous connaissez
« et qui est encore aujourd'hui la règle de la
« rémunération de la production moderne. Ce
« qui la caractérise, c'est que le capital, le patron,
« celui qui souvent personnifie à la fois la Direc-
« tion et le capital, s'attribuaient tous les pro-

« fits de l'entreprise et, au contraire, tous ceux
« qui sont pourtant des collaborateurs dans les
« produits de la production, au même titre sinon
« au même degré, que la direction et les capi-
« taux, ceux-là n'avaient qu'un salaire fixe
« aussi réduit que possible. On les entretenait
« comme des machines, au même point de vue,
« sans autre préoccupation : ils n'avaient rien à
« voir dans les résultats de l'entreprise. Que
« celle-ci donne des résultats fâcheux, qu'elle
« vienne à péricliter, oh ! alors le travailleur en
« supportait aussi les douloureuses consé-
« quences. Le désastre venait le frapper en-
« core plus durement que le capital et le patron,
« car c'était son pain même qui lui était arra-
« ché du jour au lendemain. Mais que l'entre-
« prise au contraire eût des bénéfices même
« considérables et exceptionnels, l'ouvrier ne
« s'en apercevait pas.

« Eh bien ! les penseurs, les hommes qui ré-
« fléchissaient, se demandaient si une pareille
« organisation du travail était juste, s'il était
« possible de négliger ainsi les producteurs les
« plus directs, ceux qui contribuaient à la fa-
« brication du produit de la manière la plus
« intime, de les désintéresser d'une manière
« complète des résultats de la production. Non,
« c'était une injustice, parce qu'ils ne recevaient
« pas la rétribution à laquelle ils avaient droit.

8.

. . . . . . . . . . . . . .

« Mais je tiens à rappeler qu'on s'est aperçu
« alors, grâce à l'expérience faite par vous et
« aussi par les associations ouvrières qu'il y
« avait moyen d'organiser l'industrie d'une fa-
« çon meilleure, qu'il fallait substituer en
« quelque sorte un régime d'association des fac-
« teurs de la production au régime unique du
« patronat.

. . . . . . . . . . . . . .

« Dans notre civilisations, quelle est donc la
« charge de la collectivité, sinon de soutenir les
« faibles contre l'oppression possible des forts,
« sinon de faire régner l'harmonie là où la lutte
« régnerait, si des lois justes n'intervenaient pas ;
« en un mot, je puis le dire, d'empêcher ce qu'il
« y a d'excessif dans l'âpre lutte pour l'existence
« à laquelle on se livre tous les jours et, encore
« une fois, de protéger, d'armer ceux qui se
« trouvent réduits à leurs seules forces?

. . . . . . . . . . . . . .

. . . . Et nous ajouterons aujourd'hui qu'il
« n'est peut-être pas permis de rester où nous en
« sommes, de nous arrêter même après la pro-
« mulgation de cette loi que nous pouvons con-
« sidérer comme votée et qu'il importe aussi
« d'introduire dans toutes les entreprises d'Etat
« dans toutes les entreprises de travaux publics

« concédées ou adjugées par l'Etat et les admi-
« nistrations publiques, l'obligation de la parti-
« cipation aux bénéfices. Il faut donner un mo-
« dèle à l'industrie privée, il faut, comme on le
« dit en Angleterre, que l'Etat soit le patron
« modèle sur lequel de suite l'industrie privée
« doit calquer tous ses efforts et son organisa-
« tion. »

Ce sont là de bonnes paroles où se montre l'élan d'inspirations généreuses. Mais M. Doumer croit que l'exemple de l'Etat suffirait pour entraîner les industries privées. Là est l'illusion.

M. Thuillié a bien pu faire introduire par le Conseil municipal de Paris le principe de la participation dans un cahier des charges; le Conseil d'Etat a pu consacrer cette innovation par un avis favorable ; quelques patrons ont pu suivre cette voie, comme Godin ou Jean Leclaire, mais cela impose-t-il *de plano* le changement absolu de l'organisation du travail ?

Il faut bien peu connaître la grande industrie capitaliste, la grande exploitation anonyme pour le croire. Et même dans les cas que nous rappelions, où des patrons sont devenus les collaborateurs de leurs ouvriers, quelle garantie de durée ?

Je ne vois là que le bon plaisir, la fantaisie. Rien n'assure les conditions ni les règles de la juste rémunération du travail, ni la perpétuité de l'institution.

Cette vérité est tellement évidente qu'elle échappe à un fougueux partisan du système et non moins farouche anti-révolutionnaire. M. E. O. Lami, délégué du gouvernement à l'exposition de Chicago, rendant compte d'une visite qu'il a faite au village industriel de Leclaire — fondé en Amérique par M. O. Nelson sur le principe de la participation — s'écrie : « Je n'ai « jamais mieux compris et mieux apprécié la « valeur de notre vieux dicton français : « Tant « vaut l'homme, tant vaut la chose. »

Il ne s'apercevait pas qu'il condamnait ainsi son propre système en en démontrant l'instabilité.

Le droit de milliers d'hommes dépendant de la valeur d'un seul ! C'est la théorie du bon tyran. C'est la négation même de la république ; c'est la justice livrée à tous les hasards de la naissance, du caractère, de la maladie, des infirmités.

C'est le retour au bon vouloir, le servage antique rétabli. Non ce n'est pas la vérité.

Tant que l'ouvrier ne sera pas le maître de son travail et n'aura pas droit à son produit intégral, la paix du travail ne sera pas faite. Associez la direction et le travail, soit ; mais il ne faut pas que les bienfaits de cette association dépendent d'autre chose que de la volonté même des associés, égaux en droit et en fait.

Tant qu'une chose vaut seulement par la valeur d'un homme au lieu de dépendre de l'organisation, en dehors de toute défaillance ou de toute faiblesse, son action est pleine d'inconnu et n'apporte aucune sécurité.

Ces réserves faites, nous parcourrons l'étape. Elle sera courte, car, hélas ! l'égoïsme bourgeois et la tyrannie du capital anonyme montreront vite combien erronées, dans leur enthousiasme généreux, sont les convictions de nos progressistes à pas lents.

Et le même raisonnement s'applique à toutes ces réformes par lambeaux que l'on nous propose.

Dans un organisme aussi complexe que celui des sociétés modernes, toutes les parties sont solidaires : leur destin est étroitement lié. Ce n'est que par une coordination scientifique des besoins de chacune et la connaissance de leur répercussion qu'on peut opérer un bien quelconque. Toute autre chose est vaine.

Changez la lame ou le manche du couteau de Jeannot, vous n'en avez pas moins toujours un vieux couteau, qui vous fera défaut à un moment donné.

## XXIII

Ainsi donc, malgré quelques essais de réformes bâtardes, pas toujours loyalement demandées, mais à coup sûr très parcimonieusement mesurées, examinées avec une étroitesse d'esprit et un luxe de restrictions dangereux, on peut dire que l'on est encore à attendre les premières réalisation des rêves si hauts et si généreux de l'idéal républicain, et à espérer encore les réformes qui devaient être la conséquence logique de la vraie république : celle qui assure le gouvernement du peuple par le peuple lui-même.

Le Parlementarisme une fois de plus a donné sa mesure.

Voltaire a dit un mot profond. « Quand tout « n'est pas fini, rien n'est commencé. » C'est aussi ce que pense le peuple, et il est plus que las de l'éternel prologue qui ne se termine jamais.

Les bousingots qui nous gouvernent ne songent à autre chose qu'à maintenir ce qui existe, et c'est ainsi qu'ils vont directement à l'encontre de la philosophie et des principes républicains.

Être arrivé au pouvoir leur semble la meilleure des réformes, et, dans cet avénement qui satisfait leur orgueil ou leur égoïsme, ils feignent de trouver accomplie la volonté populaire. Elle voulait déplacer la souveraineté à son profit, ils la confisquent au leur et disent : « Tout est bien. »

Malheur à ceux qui ne se déclarent pas convaincus. Contre eux tout est bon comme moyen de persuasion. Une Chambre domestiquée par la peur ou l'intérêt sanctionne tous les actes gouvernementaux et accorde toutes les lois d'exception.

Être ami ou ennemi du gouvernement établit la culpabilité ou l'innocence devant une magistrature de fonctionnaires, qui a perdu le droit de rendre des arrêts par l'habitude prise de rendre des services.

Le jury devient suspect parce qu'il juge avec l'indépendance de sa conviction — crime monstrueux. Le centre, les ministres, quelques journaux soldés crient haro sur lui.

Si des naïfs le défendent, se réclamant du droit supérieur de la conscience, on les bafoue, on les raille ; et l'on répond avec Léon X : « La « conscience ? allons donc ! ce n'est qu'une bête « méchante que l'homme dresse contre soi-« même. »

C'est bien là, en effet, la pensée même de la classe dirigeante. La conscience n'est plus qu'un objet de trafic, une matière marchande. Elle appartient au plus offrant et dernier enchérisseur, et de cela, dans la classe moyenne, on ne s'indigne plus. On applaudit au contraire celui qui a fait le marché le plus lucratif et le plus avantageux.

Ceux-là seuls qui ne réussissent pas peuvent craindre le blâme. — La seule règle de l'honneur c'est le succès.

Les gens tarés, officiellement convaincus de crimes contre la probité et l'honneur, trouvent leur réhabilation et leur acquittement devant l'avachissement de leurs électeurs et la complicité, peut-être envieuse, de certains de leurs collègues.

Ce sont là des signes auxquels le penseur ne peut se tromper. Les temps sont proches, et, comme au 7 février 1848, avec le député conservateur Malleville, il se rappelle la parole de Bolingbroke : « C'est par des calamités nationales « qu'une corruption nationale doit se guérir. »

Oui, les temps sont proches ! le peuple, que n'a pu gangrener la sanie du régime bourgeois, sauvegardé qu'il était par la saine fierté de sa misère et la haute moralisation du travail, a conservé intacte la tradition de la justice et de l'égalité. C'est bien le sens intime de sa pensée que traduit cette parole de Shakspeare : « Au« cune chose n'est plus révoltante que l'injus« tice.. »

Aussi, combien grandissent son indignation et sa colère, au spectacle de la répression impitoyable contre des journalistes et des littérateurs qui, en somme, usent du droit le plus imprescreptible de tous : celui de penser — et à côté, les grands voleurs du Panama, des chemins de fer du Sud, les auteurs de tant d'autres escroqueries financières qui, protégés, choyés, défendus, restent indemnes de tout châtiment !

Les gouvernants et les laquais qui les soutiennent auront beau faire, cette indignation et cette colère vont grandissant et rien n'en pourra réfréner les manifestations.

Déjà dans les réunions et la presse retentissent les échos de ces consciences écœurées et alarmées ; on songe à se défendre ; demain peut-être s'élèvera la voix d'un autre d'Alson-Shée prononçant les paroles décisives. « Ce n'est pas en
« tendant le cou comme des victimes, c'est les
« armes à la main, en faisant feu sur les oppres-
« seurs que doivent mourir désormais les
« martyrs de la liberté. »

Et, comme à la Chambre des pairs, ces paroles seront accueillies par le silence terrifié des fauteurs d'injustice, des flétris de honteux marchés, des concussionnaires et des exploiteurs qui forment l'état-major du pouvoir capitaliste.

Cependant que dans chaque conscience droite tressaillira, en un élan de joie, le sentiment du devoir à remplir, la confiance en un avenir plus pur.

Dans son introduction au *Tableau de Paris*, Mercier conseillait à la France endormie de se retremper dans la guerre civile. « La nation ne « reprendra sa grandeur qu'en repassant par ces « épreuves terribles mais régénératrices. La « guerre civile dérive de la nécessité et du juste « rigide. »

Ainsi à ces temps où manquent l'honnêteté et la conscience il paraît n'y avoir qu'un seul remède : la guerre civile (1).

Après la corruption de Charles Ier, lord Bolingbroke la proclame nécessaire ; après la pourriture de Louis XV, Mercier l'appelle ; après les hontes de Louis-Philippe, Malleville à la Chambre des députés, d'Alton-Shée à la Chambre des pairs la prédisent.

Et nous avons eu après tant d'affaires scandaleuses tant de colossales escroqueries, et chaque jour découvre de nouvelles malversations de fonctionnaires, d'hommes publics, malgré le silence imposé par le capitalisme en faveur de ses alliés !

La partie saine de la population comprend

---

(1) « Il est vrai de dire que ce qui grandit les nations dans leur intérieur, ce ne sont pas les coups d'Etat de cabinet, les enthousiasmes de club, les ovations de café, les grandes victoires politiques remportées à coup de discours ; ce sont les guerres civiles. » Ch. Nodier. *Souvenirs de la Révolution et de l'Empire.*

quelle honte s'attache au pays par la constatation et la continuation d'un tel état de choses. Au régime d'injustice et d'inégalité, devenu pour tous un objet de rancœur et de dégoût, elle déclare une guerre sans trêve,

Les temps sont proches. De pareilles mœurs ne se peuvent continuer. Ceux-là seuls seront responsables des malheurs possibles qui les auront encouragées et soutenues. Que les horreurs de la bataille et la responsabilité du sang versé retombent sur eux, car ce sont eux qui, renouvelant les temps anciens maudits, fomentent la guerre civile qui est dans la fatalité des faits et la fatalité de l'histoire.

Mais la bourgeoisie capitaliste, en même temps que l'honnêteté et la vertu — dont elle faisait montre aux heures de ses luttes contre la noblesse — a perdu tout courage et toute force de résistance. Avachie par ses besoins de luxe et de jouissances, elle ne pourra s'opposer à l'effort régénérateur du peuple. Un souffle doit la renverser. Alors la terrible éventualité serait évitée. Mais quoi qu'il en soit les temps sont venus.

Quel que soit le remède, en avant pour le droit! Comme au temps des luttes des communes, où le cri des cloches sonnait le furieux tocsin du Rœland, que partout la parole sainte se fasse entendre, que partout la presse porte le mot d'ordre.

Plus compactes et plus organisées seront nos phalanges, moins longue et moins pénible sera la bataille.

Puissions-nous éviter la cruelle nécessité d'expier « les corruptions nationales par ces « calamités nationales qui dérivent du juste « rigide. »

Mais hélas ! Qu'impuissant est notre vœu ! L'humanité est en marche ; rien ne peut plus s'opposer à sa victoire. Peut-être les sourdes rumeurs que j'entends et qui semblent les appels du clairon, ne sont-elles déjà qu'un retentissement joyeux et les longues acclamations des peuples affranchis.

## XXIV

Il apparait très nettement pour le penseur que l'heure est venue des changements profonds dans l'organisme social, et il semble que, sans exception, tous doivent de même apercevoir cette incontestable nécessité. Mais voilà ! Quelques uns — des braves, des dévoués pourtant — semblent perdre courage et désespèrent d'un résultat prochain. — « Voyez, disent-ils, com- « bien peu les idées passionnent aujourd'hui ; « comme le public, au lieu de se plaire aux « saines et réconfortantes études, se rue aux « plaisirs grossiers. »

« L'étisie bourgeoise a gagné tout le monde,
« les mœurs s'avachissent et, dans le milieu
« dégradant et dégradé que nous devons à 60 an-
« nées de parlementarisme et d'exploitation
« capitaliste, les consciences s'assoupissent :
« les forces viriles de la nation se sont atro-
« phiées.

« Devant les attentats chaque jour plus mar-
« qués, plus monstrueux contre la liberté, que
« commettent les Gouvernements, on ne re-
« trouve plus les saintes colères et les nobles
« indignations qui enfantent les héroïsmes.

« La lassitude s'est emparée de tous. La foi
« est morte.

« Les ténèbres couvrent la terre d'une telle
« navrance que l'on n'espère plus revoir la
« lumière vivificatrice.

« La misère elle-même souffre et se tait ; la
« faim n'a plus un cri. Partout le silence et la
« mort,

« A côté des clameurs idiotes des névrosés
« rués aux ruts des jouissances bêtes et avilis-
« santes, pas une malédiction ne se produit, pas
« même, hélas ! une plainte.

« On meurt sans se défendre, sans essayer de
« lutter. Il n'est plus de nos jours le cri d'éner-
« gie sauvage des insurgés de 1834 : vivre en
« travaillant ou mourir en combattant.

« Vivre ? à quoi bon, puisque l'espérance des

« jours meilleurs disparaît? et le suicide de-
« vient épidémique. »

Voilà ce que disent certains, découragés par ce triste et écœurant tableau. N'osant plus croire, ils se couvrent la tête de leur manteau et, comme le pilosophe romain, ils attendent la mort, fin des souffrances, libératrice ardemment appelée,

> « Mais si rien ne répond dans l'immense étendue
> « Que le stérile écho de l'éternel désir,
> « Adieu, déserts où l'âme ouvre une aile éperdue,
> « Adieu, songe sublime impossible à saisir!
>
> « Et toi divine mort où tout rentre et s'efface
> « Accueille tes enfants dans ton sein étoilé
> « Affranchis-nous du temps, du nombre et de l'espace
> « Et rends-nous le repos que la vie a troublé! (1)

Aveugles que les apparences seules suffisent à tromper.

Aux époques de parturition, la femme a ses périodes de folie, ses attaques de névrose, ses écœurements, ses troubles qui la rendraient un objet de répulsion, si l'on ne savait quel travail de revie ils annoncent.

Tout chez elle se détruit, et la forme, et souvent le sens intime de la conscience.

C'est pourtant le sacré mystère qui assure la survivance de l'espèce. Ce sont pourtant les saintes défaillances qui précèdent la naissance

---

(1) LECONTE DE LISLE. *Dies iræ.*

de l'être plus jeune, plus fort, entrant dans la vie pour continuer et développer l'œuvre des ancêtres.

Comme elle, la société a ses genèses ; c'est parce qu'en ses flancs s'agite un monde, que les couches sont laborieuses et veulent les désordres répugnants.

Viennent les relevailles, et tout refleurit et renait plus puissant et plus vivace.

L'enfantement des peuples n'obéit pas à d'autres lois que celles que la nature a imposées à tous.

L'histoire le montre. Quelle plus triste époque et plus remplie de désespérance que celle qui précède la Renaissance ? La Grande Révolution Française si marquée de vertus fortes, ne succède-t-elle pas aux orgies crapuleuses de la Régence, à la démoralisation avilie du règne de Louis XV ? N'est-ce pas après l'égoïste et infâme corruption du bourgeoisisme couronné que vient la République de 1848, et que, pour la première fois, le socialisme s'affirme par l'action populaire ? Les saturnales de l'Empire appellent la Commune.

Et à chaque époque, le progrès a fait une conquête. A chacune de ces périodes répond un enfantement puissant.

La Renaissance ouvre les esprits à la sensation du beau et, de cela, nait le sentiment de la liberté ; la Révolution française donne la notion philosophique et fait pénétrer dans tous les esprits l'idée de justice et d'égalité; 1848 fournit le moyen de Gouvernement qui seul peut assurer le développement sans arrêt du progrès ; la commune synthétise l'esprit révolutionnaire en proclamant la solidarité.

Ainsi donc tout est prêt : doctrine, philosophie, organisme. Que sera donc l'enfantement prochain, sinon la mise en pratique des découvertes passées ?

Ah ! viennent enfin les relevailles ! Que la sainte besogne s'accomplisse, et voici déjà revenir les vertus saines et puissantes, voici les intelligences s'ouvrant aux joies morales ; les appétits brutaux disparaissent ; le cœur va rebattre dans les généreux élans d'un sang renouvelé, e! tout par l'amour va à l'amour : superbe et radieuse perspective où, dans le droit égal de tous, on voit poindre le bonheur pour tous.

Il ne faut donc pas se laisser démoraliser par les tristes spectacles de l'heure présente, puisqu'ils ne sont que les pronostics de l'œuvre bienfaisante et bénie. Que les courages se redressent, que les attentions soient éveillées pour faire cortège au nouveau-né et l'entourer d'affections et de soins.

Fin de siècle, dit-on ; non, mais bien fin d'un ordre social.

Qu'à toutes volées sonnent donc les cloches annonçant la délivrance, qu'elles montent jusqu'aux nues les acclamations d'un peuple désormais arraché à la souffrance, à la misère, aux iniques oppressions. La Révolution va naître, apportant dans ses langes la paix et la justice.

## XXV

Mais voici bien une autre antienne. On fait appel aux leçons de l'histoire. On dit : « Les critiques formulées — contre l'égoïsme qui règne en maître sur la société et l'exploitation humaine qui en est la loi — sont éternelles. Avec une énergie sauvage et plus d'éloquence enflammée, elles ont été formulées à toutes les époques. Platon, les Gnostiques, les Pythagoriciens, les Pélasgiens, les Albigeois, les Vaudois, les Cathares, les Lollards, les Anabaptistes, les Pères de l'Eglise, Bodin, Campanella, Vauban, Boisguillebert, Morelli, Mably, Diderot, Rousseau, etc., et de nos jours tous les sociologues : Saint-Simon, Pierre Leroux, Fourier, Cabet, Proudhon, Lassalle, Blanqui, Marx, Louis Blanc, etc., etc., ont éloquemment fait ressortir l'injustice affreuse des conditions sociales.

Déjà le peuple, à maintes reprises, a essayé de s'affranchir.

Car il faut bien reconnaître que toutes les révoltes qui, à différentes époques, occupèrent l'histoire, ont été mues par un intérêt de revendication sociale.

Pour nous borner à la France, les insurrections des Bagaudes, des Vabres, des Pastoureaux, des Jacques, des Maillotins, des Cabochiens, ne furent que la levée des miséreux contre les exploitations d'ordre fiscal ou économique dont ils étaient accablés ; en même temps que, dans les intelligences à peine éveillées, se faisait jour, petit à petit, l'idée de justice qui est le critère de la Révolution.

N'en peut-on dire autant des sectes religieuses qui furent si cruellement anéanties dans le sang et les tortures ? Si la partie du concept révolutionnaire qui affirme l'homme libre, soumis seulement aux règles de sa conscience, qui lui fait trouver en lui-même la notion de la raison droite, n'a pas été nettement comprise par elles, il n'en est pas moins vrai que leur intelligence d'un idéal de vertu et d'égalité, la distribution des richesses et l'organisation du travail telles qu'elles l'établissaient, tiennent par beaucoup de points à l'idée socialiste (1).

(1) L'hérésie a été, au moyen-âge, la première forme du socialisme. Soit qu'elle s'annonçât comme un retour aux principes d'égalité sur lesquels l'église primitive avait mis ses institutions et ses lois ; soit qu'elle revendiquât le droit du libre

Elles ne durent de périr qu'à la simultanéité de ces deux principes antagoniques : la Révolution et la Religion.

Comment donc, reprennent nos trembleurs, après une prédication si longue contre les abus de la richesse et du luxe, après la défense, pendant tant d'années, et avec une éloquence si passionnée, de la cause des malheureux et des pauvres, alors que rien n'a réussi, que les mêmes critiques se peuvent appliquer aux temps présents avec plus de rigueur peut-être ; comment donc se fait-il qu'on puisse croire à l'avènement prochain et même possible de la Révolution ?

Certains combats ont amené, il est vrai, des transformations heureuses, — réforme financière des Cabochiens, liberté de la cité par la guerre des communes, etc., — mais les échecs sans cesse renouvelés, les déchéances plus grandes, les perpétuels recommencements et

---

examen, l'hérésie protestait contre les immenses richesses du clergé orthodoxe, contre la hiérarchie des pouvoirs ecclésiastiques, contre les abus d'un culte vénal, contre l'alliance du spirituel et du temporel, contre le gouvernement des prêtres. A travers les discussions stériles et enveloppées de théologie, elle appelait une meilleure distribution des richesses l'affranchissement des classes opprimées, la souveraineté de la raison individuelle, enfin la liberté religieuse qui n'était qu'un premier pas vers la liberté politique et sociale.

A. Esquiros, *Fastes populaires*. T. II; p. 88.

l'éternelle inégalité s'imposant au monde, tout cela n'est-il pas fait pour décourager et ne démontre-t-il pas surabondamment combien folles et peu solides sont les espérances aux lendemains ?

Faut-il donc accepter la cruelle incertitude du pessimiste ou se plonger dans la mortelle indifférence du sceptique ? « L'Égalité ne se-
« rait-elle donc, en France, que la fière hôtesse
« du cerveau des penseurs ? »

Ce rêve radieux doit-il toujours rester un rêve ?

Ce mirage éblouissant ne peut-il jamais devenir la réalité ?

Déjà l'on sent s'appesantir, jusqu'à l'écrasement des esprits, la parole de l'Evangile : « Il y aura toujours des pauvres parmi vous. » Et l'humanité désespérée recommence, douloureux Sisyphe, à rouler son rocher, qui demain l'écrasera dans sa chute.

Répondre est facile, et la réponse est contenue tout entière dans les leçons des temps. L'histoire se charge de détruire tous ces sophismes, cette accumulation d'erreurs et d'interprétations faussées. Mais il ne faut pas s'en tenir à un examen superficiel, il faut arriver à l'étude des causes, chercher la raison des choses, comme dit le philosophe.

Deux faits frappent tout d'abord, si l'on examine la Société française aux premières périodes de notre histoire. C'est la profonde ignorance où se trouvait la masse et la subordination intellectuelle où la maintenait l'idée théologique.

De là, l'inconscience absolue ; de là, l'impossibilé de conceptions qui réclament un développement raisonné et scientifique des facultés de l'entendement.

Certes les conséquences de l'inégalité, de l'esclavage, du servage, de la pauvreté, de la tyrannie se faisaient sentir aussi cruellement, mais on peut dire que cette sensation était seulement physique. Toute relative ou de comparaison, elle ne s'élevait pas au sentiment du droit de chacun et n'était nullement adéquate à l'idée de justice.

Que pouvait-il donc sortir de ces révoltes auxquelles manquaient l'intelligence des principes sociaux et jusqu'au soupçon des règles qui doivent fonder la Société rationnelle ?

Ainsi, sous l'impression d'une violente douleur, le corps a un mouvement de révolte. Mais, si les opérations de l'esprit ne donnent pas la notion des causes, la connaissance objective et subjective des faits déterminant le phénomène douloureux, le retour n'en sera pas empêché.

L'instinct seul est en jeu ; l'instinct peut-il suffire à l'établissement d'une Société aussi complexe que celle où se heurtent à tout instant les passions et les intérêts humains ?

Petit à petit, l'instinct se transforme; et, grossière d'abord, mais s'améliorant aux expériences renouvelées, l'analyse des conditions des phénomènes s'établit, leur loi physique s'impose à l'esprit: dès lors, une ère nouvelle commence.

Inspirées seulement par les subjectivités que les sens constatent, les révoltes grondent aux cerveaux : et, poussé seulement par le ressentiment des malheurs éprouvés, en dehors de tout raisonnement, en pleine ignorance des causalités, l'être se lance aux brutales représailles. Tel l'enfant qui, de son poing, frappe la pierre ou le mur qui a heurté son front.

Puis, quand par un nouveau progrès, le sentiment d'une puissance en dehors du moi, commence à poindre; quant l'homme se sent le jouet et la chose d'un autre homme, qui le gouverne et lui impose les exactions ou les fantaisies de ses tyranniques cruautés, les soulèvements changent de forme. Ils ne s'adressent plus aux choses, mais au maître, au chef, au tyran.

Vengeance d'abord, puis égoïste compréhension qui fait désirer la conquête du pouvoir pour jouir de l'oppression des autres.

Jusque-là rien de psychique, rien d'idéal; aucun sentiment élevé, ni droit, ni justice : la conscience n'est pas encore éveillée.

Mais l'évolution suit son cours, l'intelligence s'émeut, les curiosités apparaissent.

C'est l'époque des théogonies; les puissants s'allient aux sorciers, devins ou prêtres qui placent dans un monde extérieur, supra-terrestre, les causes de l'ordre social et la responsabilité de ses misères.

Dès lors plus de représailles, plus de vengeance à exercer. Le maître l'est de par la volonté souveraine d'un être supérieur à toute intelligence et qui échappe à tout raisonnement.

Il n'y a qu'à s'incliner; et — pour asseoir plus forte la foi en ce créateur de qui tout émane, qui ordonne tout : bien ou mal, — la théodicée enseigne sa justice, qui par delà la vie sera clémente et pitoyable aux petits et aux faibles, dure et sévère aux heureux du monde, inexorable à ceux qui auront méconnu ses lois.

Et cela dans des siècles et des siècles.

Trop de gens sont intéressés à ce que cette conception reste sans contrôle dans l'esprit des masses pour ne pas mettre à son service tous les moyens de compression et d'étouffement. Heureusement qu'une fois en marche, l'esprit humain ne s'arrête pas ; le progrès, lent d'abord mais régi par une loi aussi précise que celle de la chute des corps, accélère sa marche chaque jour davantage.

De confondues qu'elles sont au début, la théologie et la philosophie se séparent nettement; la science se crée; et déjà l'observation, en dévoilant les lois du monde physique, fait entrevoir la vérité sur la constitution du monde moral.

Mais hélas! combien peu d'esprits s'ouvrent à ces enseignements tout empiriques encore; pour combien peu brille cette lumière!

Tout est d'accord pour l'empêcher de rayonner et d'éclairer : le spirituel et le temporel. Le prêtre et le roi se donnent la main pour comprimer les cerveaux : aussi, que de tentatives avortées !

A la voix de quelques hommes supérieurs, des fanatiques, des souffrants, des malheureux pourront bien accourir, mais la raison leur fait défaut, ils n'ont que la foi : hélas ! la foi diminue, et se perd même complètement, après les échecs.

Suivant le mot d'un historien : « Ils rêvaient « des choses pour lesquelles leurs mœurs « étaient bien inférieures » (1).

Est-ce à dire que tous ces efforts étaient perdus et que la pensée des novateurs, leur idéal mourait en entier avec eux ?

Certes non; fécond est le sang des martyrs et des croyants : il laisse une empreinte profonde,

---

(1) H. CASTILLE.

une lumineuse trace qui bientôt sera suivie et dépassée par d'autres.

Aux jours sanglants des assauts, les combattants, se précipitant à l'escalade, tombent frappés à mort dans les fossés qui empêchent d'aborder les murailles démantelées ; mais vient un moment où les corps entassés l'un sur l'autre comblent le vide et servent à l'armée pour franchir l'obstacle qui arrêtait sa marche.

Quel plus superbe livre pourrait-on écrire à la gloire du peuple et de l'humanité que l'histoire des luttes sociales depuis les guerres serviles jusqu'à nos jours?

Oh bénis soient-ils ceux-là qui ainsi préparèrent et aplanirent les voies ; qu'à jamais leur mémoire soit louée, car c'est de leur dévouement et de leur sacrifice que sera fait l'ordre nouveau. Héros obscurs, le triomphe sera l'œuvre de leurs défaites.

## XXVI

On comprend à ce rapide coup d'œil en arrière quelles sont les causes qui ont empêché la réussite.

La masse n'élevait pas son âme jusqu'au sentiment philosophique du droit égal des voisins.

Et seuls allaient à la lutte les désespérés de misère, les affolés de vengeance, les ambitieux de gouverner à leur tour.

Peu nombreux ceux dont l'intelligence élargie, éclairée par la science pouvait concevoir des idées générales pour la réformation de l'état social, basée sur l'égalité et la justice.

D'ailleurs, la science n'était guère accessible qu'à un petit nombre, et c'est précisément à la rareté de sa diffusion que doit se rapporter la lenteur de sa marche.

Car c'est un phénomène bon à retenir que plus la science entre dans le domaine public et plus ses conquêtes sont rapides.

N'est-ce pas un exemple, trop peu remarqué, de cette force collective que s'obstinent à nier les économistes bourgeois ?

Les Gouvernants de tout ordre avaient un intérêt puissant à retenir les gouvernés dans l'ignorance : la dépression des cerveaux permet toutes les oppressions.

Ceux qui, par une intellectualité plus complète, arrivaient à acquérir des connaissances plus étendues, prenaient en pitié le reste de l'humanité.

Ils n'étaient pas loin de regarder les autres hommes comme étant de race inférieure, et, l'expérience des événements qui se passaient sous leurs yeux, les leur montraient cruels et sauvages : *homo homini lupus*.

Aussi la conception des premiers philosophes qui rêvèrent un mieux social, ne se séparait pas d'une idée d'autorité inflexible et d'une règle absolue soumettant tous les hommes.

C'est ainsi que Lycurgue et Platon avaient compris leur république, les anabaptistes leur société.

Comment, avec de pareilles imaginations, arriver à la Révolution? L'autorité la nie ; supprimer la liberté, c'est supprimer la justice.

Ajoutez à cela l'avilissement des caractères par la conception théologique. Toute religion repose sur l'abandon de soi-même et la soumission aux volontés du Tout-Puissant. La résignation en est la vertu ; la fierté, la dignité en sont les crimes.

Religion, ignorance, tout cela conspirait pour abaisser et étouffer la pensée. Raisonner fut un péché ; croire aveuglément, même et surtout parce que c'était absurde, *credo quia absurdum,* fut l'unique loi. Sortir de là c'était aller à la géhenne éternelle, aux châtiments après la mort.

On voit pourquoi les premiers mouvements ne pouvaient aboutir ; l'âme humaine était inconsciente, l'homme ne se reconnaissait pas dans l'homme.

## XXVII

Mais objecte-t-on, cet état de choses cessa à la Révolution française, et cependant depuis cette époque quels progrès ont été faits ? Ne sommes nous pas aussi éloignés du but que l'étaient nos pères en 1789 ?

Et cependant aujourd'hui la science couvre le monde de ses rayonnantes lueurs, l'instruction s'est répandue partout, la notion de la divinité s'est terriblement affaiblie, si même on ne veut pas avouer qu'elle n'existe plus qu'à l'état d'habitude, et, à l'heure où nous parlons, au lieu d'avancer, la Société a l'air de reculer et de renoncer chaque jour à quelqu'une des réformes si chèrement acquises.

Ce sont bien là en effet les phénomènes apparents du temps présent ; mais cela ne saurait affaiblir en aucune façon la certitude de l'avènement de la société future.

La marche des temps montre ces élans et ces défaillances. Les étapes parcourues par l'entendement humain, pour arriver à la conception moderne sont pleines de ces contradictions.

La religion s'est éteinte petit à petit pour différentes causes : le non-avènement de la cité de Dieu à laquelle croyaient les premiers Chrétiens, les effroyables malheurs du Moyen-Age, qui détruisirent la foi et, avec les désespoirs, amenèrent le blasphème ; puis la réformation créant le libre examen. De là sont sortis ces merveilleux seizième et dix-huitième siècles, initiateurs géants, créateurs puissants de la philosophie scientifique.

Encore à cette époque, bien que des germes profonds eussent été jetés dans la conscience publique l'instruction était-elle le domaine du petit nombre. La science restait abstraite et ne se vulgarisait pas par les découvertes, qui ont marqué si fortement la deuxième moitié de notre dix-neuvième siècle.

La philosophie rationnelle, expérimentale, scientifique se créait, mais rares étaient les priviligiés qui pouvaient toucher à ces merveilles. Le peuple en était éloigné.

Et pourtant si puissamment féconde est l'œuvre de la raison et du savoir que ces temps enfantèrent la Révolution Française.

Colossal enfantement qui devait changer le monde et faire concevoir la synthèse justice : principe absolu d'un ordre social où le droit et l'égalité seront les seules règles.

Les éléments étaient préparés, les matériaux attendaient dès ce jour la mise en œuvre ; mais la Révolution succomba sous l'écrasant labeur des transformations profondes.

Et l'histoire paraît recommencer avec les gouvernements monarchiques. L'instruction reste encore le lot de quelques-uns, et d'ailleurs l'esprit qui y préside va à l'encontre même du but révolutionnaire.

La monarchie appuyée sur l'Eglise craint comme elle la lumière; toutes deux doivent mourir du même mal : le savoir.

Vienne donc la Révolution de février qui donnera la notion du gouvernement républicain et l'accession de tous aux discussions de la politique, la participation à la constitution du pouvoir. L'instrument est alors créé qui doit assembler les matériaux, combiner les éléments pour en tirer un résultat utile.

Le peuple est cependant trop jeune et trop peu préparé, trop récemment arrivé à la personnalité, trop inhabile au maniement de l'outil : les cruelles expériences, les sanglantes leçons sont encore nécessaires.

C'est dans le recueillement qu'imposent les oppressions, que les consciences s'affirment; c'est aux choses terribles, aux calamités profondes que se trempent les caractères.

Dans le silence de l'Empire, les réflexions se font plus poignantes et plus logiques; les retours en arrière montrent les erreurs du passé; les souvenirs servent d'éducateurs féconds et quand apparaît la troisième République, tout le monde en convient, la monarchie est bien morte;

rien ne peut plus nous ramener aux temps anciens.

Quelque réactionnaires que soient les gouvernants; quelque nombreux que restent encore les préjugés, il n'en faut pas moins suivre sur quelques points les doctrines de la République, et l'instruction est donnée à tous, la science est du domaine public.

Et voyez le miracle, plus les hommes deviennent savants, plus les limites de la science se reculent et chaque jour plus merveilleuses et plus grandioses sont les conquêtes de l'esprit.

Plus aussi devient pressante la nécessité d'institutions en rapport avec ce développement intellectuel et les besoins nouveaux qui en sont la conséquence.

## XXVIII

Dans le très rapide exposé que nous venons de faire, on n'a pas assez montré les modifications profondes introduites dans la méthode même de l'enseignement. Et pourtant, au point de vue qui nous occupe, pour la préparation de l'avenir, ces modifications ont été plus importantes peut-être encore — si, en vérité, elles n'étaient pas la conséquence les unes des autres — que les modifications politiques.

Nous l'avons déjà dit, à maintes reprises, mais on ne saurait jamais assez y insister, le facteur essentiel de l'oppression monarchique et cléricale est l'ignorance(1).

Les deux complices ne manquaient pas à la tâche de la rendre plus complète. Mais après la Renaissance, la découverte de l'imprimerie, le mouvement philosophique du XVIIIe siècle, il n'était plus possible de fermer les écoles. Il fallait les ouvrir, au contraire, et avoir l'air de les encourager.

C'est ici que le rôle effrayant de l'Eglise se montre avec ses duplicités habiles et ses trompeuses libéralités.

Sait-on bien ce que fut l'éducation chrétienne, même après le moyen-âge, « l'âge des pleurs » ?

Saint-Cyran le dit : « L'éducation chrétienne est une tempête de l'esprit. » Et alors pour abattre l'esprit tout est bon, et les cilices de crin, et la flagellation des cordelettes aux mille nœuds, et les chaînes de fer aux pointes acérées, et le jeûne, et jusqu'aux purgatifs violents, que Pascal prenait de deux jours en deux jours.

Là où s'étiole l'esprit meurt la raison.

Je ne veux point chercher à quelle horreur, à quelles terreurs, à quelles inhumanités, à quelles

---

(1) Pourvu qu'à l'esclavage il trouve quelques charmes.
Un peuple en sait assez quand on a des gendarmes.
Nép. Lemercier.

abominations la théorie, qui veut anéantir la chair par la douleur, amena les éducateurs.

Je ne retiens ici à la charge de l'Eglise, — parce que c'était pour elle un régime profitable d'anéantissement intellectuel et d'abaissement de la conscience — que les moyens employés pour détruire le raisonnement, le libre examen et la faculté d'initiative de l'esprit.

Jusqu'à la Renaissance l'étouffement est complet. Puis tout d'un coup une grande lumière se fait et Rabelais, dans ce merveilleux ouvrage qui est resté à travers les siècles comme l'expression forte et virile de la vérité, crie pour la première fois : humanité et joie.

C'est « le livre », dit Jean du Bellay, et le peuple dans son superbe instinct le sent, et « en deux mois il s'en est plus vendu que de bibles en dix ans ».

C'est que là l'homme se montre tout entier avec ses vices, ses défauts ; mais, aussi et davantage, avec ses qualités de développement sans cesse possible.

Le premier, il professe que l'homme est bon par lui-même, et, sous la raillerie, cruelle souvent aux mœurs de son temps, il le montre pouvant devenir chaque jour meilleur ; s'élevant corps, âme, intelligence aux lueurs bienfaisantes de la science et de la raison.

Le premier, au lendemain des atroces et désespérés abandons de soi-même qu'encourage et entretient l'Eglise, il dit : la conscience par la liberté. Superbe synthèse, rayonnante de bonté et d'humanité, qui donne le concept des intérêts communs dans lequel se fondront les deux opposés : bien et mal.

Et de lui s'inspirent tant d'auteurs : et Montaigne, et Locke, et Fénélon, et Rousseau, et Voltaire, et Diderot !

Puis entre temps apparaissent les éducateurs sublimes qui, à la théorie des philosophes, viennent ajouter les fructueuses leçons de la pratique : Coméni, Pestalozzi, Frœbel.

Si bien que, lorsque éclate la Révolution Française, l'esprit du peuple est éveillé, et que le mot sauveur de Voltaire « l'action » est compris de tous.

Jusque là l'instruction, l'éducation (c'est à tort qu'on veut établir une stérile distinction entre les deux choses) n'a qu'un but : asservir les esprits, étouffer les instincts de rébellion, empêcher les éclairs de la raison.

Tout est bon pour cela : les verges et le bûcher. L'homme doit s'astreindre à la passivité entière.

Savoir n'est pas comprendre, mais seulement répéter.

La mémoire est substituée à l'intelligence.

Mais, pour donner un aliment à celle-ci, qui,

malgré toutes les compressions et tous les efforts, tend à briser le cercle étroit dans lequel on l'enserre; la scolastique, la théologie lui apportent leurs énervantes formules, leurs creuses divagations.

C'est l'époque où, en Sorbonne, on discute pendant des années pour savoir, lorsqu'un homme mène un porc au marché, si c'est l'homme ou la corde dont il est lié, qui conduit le porc (1).

C'est l'âge des querelles violentes sur la prononciation plus ou moins décente de certains mots. Les cancans de Sorbonne sont restés en proverbe, mais Ramus en est mort à la Saint-Barthélemy.

(1) Le développement intellectuel de l'époque amenait la bizarre querelle des moines cordeliers et des franciscains du xive siècle. Les cordeliers renonçaient, par leurs vœux, à toute espèce de propriété. Le cordelier qui recevait son pain de chaque jour, en était-il propriétaire? Oui, disaient les franciscains. Donc, le cordelier qui mange, viole la constitution de son ordre, il est infidèle à ses vœux; donc il est en état de péché mortel par cela seul qu'il existe. Les cordeliers répondaient de leur mieux et de part et d'autre on entassait des montagnes de syllogismes. — « L'empereur et les Gibelins se déclarèrent pour les cordeliers, le pape et les Guelfes contre les cordeliers. De là, une guerre de cent ans : et le comte du Mans, qui fut depuis Philippe de Valois, passa les Alpes pour défendre l'Eglise et les Visconti contre les cordeliers ». CHATEAUBRIAND, *analyse raisonnée de l'histoire de France.*

Oh ! vraiment prodigieuse moralité d'un pareil enseignement !

Combien l'on reste écœuré et rempli d'émotion pénible, quand on revit cette histoire !

Pas n'est besoin alors de philosopher pour comprendre que les mouvements de révolte — si justes fussent-ils — ne pouvaient aboutir. On y sent le manque absolu d'idées générales.

L'idée, mais elle était honnie, conspuée: l'école n'admettait que les mots. Et si les mots peuvent un instant entraîner la masse, leur action cesse vite quand leur vide apparait nettement et que derrière eux on ne trouve aucune pensée.

Sévère leçon des temps, bonne encore à méditer de nos jours où, chez quelques-uns, la technologie est préoccupation trop grande. Si le peuple se peut griser de certaines consonnances et de certaines formules, à quels désespoirs et à quels découragements on l'expose quand il en verra la signification exacte.

C'est l'histoire des temps antérieurs à la Révolution ; c'est aussi un peu l'histoire des temps modernes. Avec une énergique âpreté, l'Église et l'autorité s'essayaient à l'envi à figer l'humanité dans un certain nombre d'idées toutes faites et qu'il était sacrilège ou criminel de vouloir examiner ou dépasser.

Cependant, par ses découvertes pratiques,

par ce sentiment divin qui fait qu'elle tend à se mettre de plus en plus à la portée de tous, la science a brisé les entraves et aujourd'hui le libre examen a commencé.

Combien peu de soi-disant vérités enseignées antérieurement restent debout devant lui.

Les idoles sont ébranlées, les chimères s'évanouissent; prêtres et tyrans sont condamnés.

L'œuvre révolutionnaire de régénération est donc enfin possible. Chaque jour apportant une connaissance nouvelle, éveille des idées nouvelles, et, au lieu de restreindre la pensée, vient contribuer à étendre son domaine.

C'est bien là la marque du présent. C'est aussi cette bienfaisante fatalité du Progrès qui donne la réponse à ceux que décourageaient les expériences du passé.

Hélas! je sais bien que nos gouvernants, qui semblent hypnotisés par cette belle mais rétrograde conception : restaurer l'autorité, ne font rien à l'heure actuelle pour encourager ce mouvement libérateur.

Comme les tyrans et les autocrates de toute époque, ils se rapprochent du clergé, ils pactisent avec lui, ils nouent des alliances.

Et ils s'enorgueillissent de la sublimité de cette tactique; ils en chantent les louanges et ils se figurent que la démocratie accueillera béatement « l'esprit nouveau » suivant l'extraordinaire inspiration d'un ancien anti-clérical.

Ils ne se rappellent donc point la parole du philosophe en présence des réactions religieuses semblables à celle-ci : « Ce ne sont pas les âmes qui vont à Dieu, c'est la politique ». Elle n'eût jamais plus de vérité qu'aujourd'hui.

Vaines tentatives, d'ailleurs. Il faudrait refaire l'histoire.

Pour en arriver à ce but il faudrait donc rayer tous ces noms glorieux qui ont donné la formule de l'éducation moderne.

Pour les masses, la théorie disparaît devant la leçon des faits. Et les faits démontrent chaque jour que cette formule a donné la vie à l'intelligence jusqu'alors inerte, que c'est à elle que sont dues toutes les magiques expansions de la science. Toute théorie de finesse diplomatique échouerait devant cela.

Qu'on enlève des bibliothèques les grands penseurs qui ont cru à la méthode nouvelle, pour cela elle ne disparaîtra pas. Elle fait corps avec la pensée du peuple ; elle est en lui ; elle est devenue un des organes nécessaires à sa vie ; il ne veut pas plus s'en séparer que de la République.

Aucune sophistique ne prévaudra contre cette volonté.

## XXIX

Comme nous l'avons vu, dans l'étude de la genèse du concept politique et économique, chaque âge apporte une notion nouvelle d'où va sortir la méthode rationnelle de l'instruction. (1)

Après mille ans d'anti-nature, pendant lesquels sous la barbarie cléricale, l'humanité est conspuée, honnie, maudite, Rabelais glorifie l'homme ; contre les pleurs du Moyen-Age, il enseigne la joie « pour ce que rire est le propre de l'homme ». Il professe l'amour de la nature, la bonté de l'individu, la fraternité entre les êtres et édicte la formule fatidique : « Fais ce que veulx. »

Il voit plus loin encore ; par cet esprit de prescience, qui est une des marques du génie, il entrevoit l'éducation intégrale, et son élève est instruit à la pratique des métiers en même temps qu'à l'étude des sciences.

Ce qui reste, pour tous ses successeurs, de l'œuvre de Rabelais, ce qui devient vérité acquise et indiscutable : « la substantifique moelle » c'est la réhabilition de l'humanité ; sois homme : et tous procéderont de là.

Après lui Montaigne apprendra l'art de mé-

---

(1) Pour tout ce qui touche à l'instruction, voir MICHELET.

priser la douleur et de bien mourir en pratiquant « la bonne et honnête vie ».

Peut-être son enseignement manque-t-il de force ; aussi malgré la grandeur du raisonnement il laissera exister ce sentiment douloureux et funeste : le doute, qui s'oppose aux grandes actions comme aux vigoureux affranchissements.

Le grand génie de Pascal devait succomber de cette maladie.

A cette époque les jésuites tentent de monopoliser en quelque sorte l'éducation ; Mme de Maintenon crée St-Cyr, essayant ainsi de s'opposer au triomphe de la philosophie moderne.

Mais rien ne peut étouffer la vérité ni la faire disparaitre une fois qu'elle a été lancée au courant des esprits. Et presque malgré lui, au milieu de la *médiocrité raisonnable* toute puissante alors, Locke laisse échapper cette parole : « Il faut enseigner la justice à l'homme. »

Et comme les doctrines de Coméni commençaient à agiter le monde, il s'en inspire et veut introduire dans l'enseignement des données scientifiques et presque professionnelles : l'enfant doit faire ses jouets.

O merveilleux et tendre génie de Coméni, que sainte fut son œuvre et combien elle devait servir à l'affranchissement des esprits ! « Apprendre la chose avant le mot » n'était-ce pas la condamnation définitive des temps mauvais où, pendant mille ans, on n'avait appris que la verbalité.

Ce n'est pas ici le lieu d'étudier par le menu toutes les transformations qu'eurent à subir les principes sauveurs d'une philosophie vraiment humaine, et ce n'est qu'à grands traits qu'on peut marquer le stade parcouru.

Leibnitz établit que l'homme est une force active dont la cause extérieure est *lui* ; Vico : que l'humanité s'est faite elle-même et que l'homme forge sa propre fortune ; Voltaire enfin proclame l'axiome : « le but de l'homme est l'action » ; Vauvenargues et Rousseau le répètent avec lui, en ajoutant qu'il y a plus de bien que de mal, et tous ne veulent plus qu'une règle : « La conscience » ! C'est le salut.

Et, pendant que ces théoriciens sublimes tracent la norme nouvelle, voici les éducateurs pratiques : Coméni, Pestalozzi, Frœbel dont l'œuvre admirable paraît si grande au grand cœur de Michelet qu'il l'appelle « l'évangile de Pestalozzi, l'évangile de Frebel. »

La doctrine de l'instruction révolutionnaire, celle qui doit préparer la vie intellectuelle des démocraties est ainsi proclamée, et, de nos temps, malgré toutes les réactions, on l'a vue petit à petit s'étendre et prendre son développement logique.

C'est ce développement qui inquiète au

plus haut degré l'élément clérical et réactionnaire. Nos gouvernants bourgeois, eux aussi, tremblent de le voir grandir. Aussi veulent-ils y opposer une digue, et, là comme ailleurs, ils veulent l'asservissement des instructeurs ; ils exigent leur passive obéissance.

Pas plus que les réactions passées ils ne pourront empêcher la marche ni les conséquences des idées. Les monarchies les plus fortes, les plus tyranniques s'y sont essayées et y ont échoué. Sous l'Empire, Villemain s'élève contre l'esprit du militarisme qu'on voulait imposer à la nation ; sous la Restauration — le gouvernement des curés — Jouffroy professe « que les dogmes finissent. »

Quelle que soit la main de fer du gouvernement, malgré tous les abus d'autorité, il ne pourra refaire l'histoire ni la fermer. Les œuvres des penseurs font partie des cours d'enseignement et si, par impossible, on les en détachait, elles resteraient aux bibliothèques. La semence est jetée ; féconde, elle germera quand même ; et à ces philosophes, dont nous parlions, ne manquera jamais le superbe hommage de ceux qui pensent et travaillent.

L'exemple des trois grands éducateurs dont l'empreinte fut si fortement marquée, leur direction, le sens profond de leur méthode ne sauraient être perdus.

Coméni, le doux Morave qui s'adresse à l'homme; qui, chassé de Moravie, « y perdit la patrie, mais y gagna le monde », comme a dit Michelet; qui enseigne « l'universalité fraternelle » et voulait « un système d'éducation effa-
« çant les oppositions plus apparentes que
« réelles, préparant enfin la grande harmonie; »

Pestalozzi, auquel ses biographes trouvent « l'étoffe d'un révolutionnaire », si violemment persécuté parce qu'il néglige le catéchisme officiel, qui répond au père Girard ne trouvant pas, dans son enseignement, la forme précise d'une instruction religieuse : « La forme, je la cherche encore... »

Frœbel, qui, à l'orée des clairières, « adore le soleil » et dont la religion n'est que « la sainte
« coopération de l'homme avec la nature, le
« travail modeste, fécond, du monde zoroas-
« trique. »

Tout cela est bien opposé à l'enseignement réactionnaire et clérical qui dressait les esprits à subir les attentats du monde capitaliste.

Non, il ne faut pas croire que la méthode des pères jésuites puisse être reprise de nouveau; le clergé éducateur ne saurait plus exister.

Racontant l'histoire de Saint-Cyr, notre grand historien s'exprime ainsi sur le système d'éducation de Mme de Maintenon : « Elle leur
« apprend à écrire et leur défend d'écrire. L'amie

« même est suspecte; on ne peut causer deux
« à deux (1).

« Le prêtre est-il sûr? Non. Allez au confes-
« seur, faites ce qu'il dira si vous n'y voyez de
« péché.

« Le père même, le frère ne peuvent voir
« l'élève que quatre fois par an, et devant une
« dame qui écoute et surveille! On sent bien
« qu'une élève si peu nourrie d'esprit, si sus-
« pecte de mœurs va être tout à l'heure (brillant
« fruit de Saint-Cyr) une dame de la Régence. »

Et l'on croit nous ramener à cela, à ces monstruosités morales où l'amie est dangereuse à l'amie, le père à la fille, le frère à la sœur! l'indignation soulèverait toutes les consciences; les dirigeants les plus rétrogrades eux-mêmes n'y oseraient songer.

Les flatteries au clergé dont sont remplis les discours de réceptions officielles, les acclamations en faveur de l' « esprit nouveau » sont un gage que les gouvernants ont voulu donner à l'alliance avec le clergé. Mais dans cette voie où pourront-ils s'arrêter? Une concession en appelle une autre. Pour satisfaire leurs nouveaux alliés il faudrait reculer, reculer toujours. Ah! c'est qu'il y a beau temps que les « ralliés » ne

---

(1) C'est la règle même d'Ignace de Loyola : « *nunquam ambo, raro unus, semper tres.* »

sont plus « les résignés » et pour conserver leur appui il faudrait, suivant la forte expression de Michelet : « livrer au prêtre, qui est la Monar-
« chie, le maître qui est la République. »

Ne voit on pas que cela est impossible?

De même que la démocratie conservera malgré tout la forme républicaine, indispensable à son développement social, elle conservera son éducation active, humaine, libératrice, qui en assurera la raison et la justice.

## XXX

Mais aussitôt les douteurs de s'écrier : « Vous
« le voyez bien, tout s'est fait par étapes; c'est
« par échelons que l'humanité est arrivée à sa
« forme actuelle. Que devient donc l'affirmation
« et la croyance en un changement prochain? »

Qui donc, parmi les socialistes, a prétendu que la prochaine Révolution donnerait au monde un statut *ne varietur*, immuable, infranchissable, définitif?

Pour en arriver à éviter les à-coups, souvent terribles, qui marquent l'histoire, il fallait trouver un appareil de gouvernement qui permît — sans jamais l'interrompre — le progrès constant, et on a essayé de montrer par quelle suite d'idées, quelle logique des événements, on était arrivé à la République ; il fallait une méthode de développement des consciences qui leur permît de concevoir cette marche du progrès, et l'on a démontré par quelle inflexible harmonie l'instrument politique et l'instrument éducateur avaient établi leur évolution.

Logiquement aussi, il est impossible de ne pas s'apercevoir que l'état social actuel ne peut subsister avec leur fonctionnement. Ceci doit tuer cela.

Pour que la connaissance efficace des principes républicains et l'intelligence de leur conséquence s'imposât à tous les esprits, la découverte de ces deux moyens était nécessaire, et c'est pour cela que, jusqu'à nos jours la solution n'était pas devenue fatale.

Les antagonismes existaient aussi violents qu'aujourd'hui, mais personne n'entrevoyait — à part peut-être quelques esprits d'élite — la possibilité d'y porter remède. Il importait que cette possibilité devint apparente pour tous, afin que tous l'acceptassent et se dévouassent à en précipiter l'avènement.

Ce fut l'œuvre des siècles passés.

L'outil forgé, comment croire un instant que l'on hésitera à s'en servir, et que la plainte — que depuis si longtemps gémissent les pauvres et les faibles — ne sera pas écoutée ?

C'est donc à une transformation complète de

notre état social que fatalement on doit aboutir. Tout, dans cet état, est contradictoire, tout est antinomique aux idées de justice et d'égalité qui commencent à passionner le monde.

A tous, la société capitaliste apparaît comme une monstruosité. Ceux-là même qui en profitent n'osent la défendre ouvertement. Les plus craintifs, les plus timorés, ceux que leur situation, leur atavisme ont le plus familiarisés avec elle, ne peuvent s'empêcher de le reconnaître; et c'est un concert de malédictions unanimes contre ses extorsions, ses spoliations, ses crimes.

Mais plus encore que tout cela, l'impossibilité absolue de faire concorder ensemble les formes capitalistes et bourgeoises avec la logique d'une démocratie puissante, prouve à tout esprit non prévenu et de simple bonne foi que la vieille société a fait son temps.

Et c'est l'étape que nous nous apprêtons à franchir sans croire qu'elle se puisse scinder en parcelles.

Est-ce à dire que ce sera là la borne du progrès humain.

Comment? mais l'essence même de la République démocratique, dans sa forme socialiste, est l'évolution incessante pour se rapprocher de plus en plus de l'idéal !

Mais l'idéal lui-même n'est point immuable!

A mesure que les connaissances s'accroissent, que les esprits s'éclairent, que les découvertes augmentent, que l'intelligence se développe, que le concours de plus de peuples est acquis aux progrès réalisés, l'idéal grandit, il se fait plus magnifique et plus beau.

Et c'est même cela qui fait la grandeur divine de la conception républicaine qu'elle s'améliore chaque jour davantage, par le seul fait de son existence.

Quelle pensée plus sublime et plus sainte que celle qui montre les peuples marchant sans cesse, poussés seulement par le sentiment de leur conscience élargie, vers un idéal toujours plus radieux, de bonté toujours meilleure, de justice toujours plus juste.

## XXXI

On a pu se rendre un compte certain des causes qui s'opposaient aux réformes sociales dans les époques antérieures à la nôtre.

Mais ce qu'il faut bien voir, c'est que les conquêtes, les améliorations, les changements de chaque jour étaient purement objectifs quant au moyen. Si l'instrument, l'outil, la condition d'être se créaient, s'appropriaient, se perfectionnaient; tant qu'ils n'existèrent pas à l'état complet ils devaient rester impuissants pour une modification, quelque faible fût-elle, de l'ordre social.

J'entends bien que l'on peut, comparant la société de nos jours avec celle d'avant la Révolution, prétendre qu'elles diffèrent profondément et que, par suite, il y a eu déjà un commencement de changement d'état. D'aucuns prétendent même que ces changements ont été considérables.

Eh bien! cela est, il faut bien le reconnaître, tout à fait erroné, et ces prétendues métamorphoses sont purement de façade.

Si nous reprenons — comme nous nous proposons de le faire — les critiques qui à toutes les époques furent formulées contre les détestables inégalités et les outrageants privilèges de certaines classes, il nous sera facile de voir qu'il suffirait de changer une date pour les faire toutes d'actualité.

Seuls les titres et les formules se sont modifiés, les appellations ont varié, mais au fond, si l'on ne peut nier la substitution des personnes, on est obligé de constater que l'exploitation et l'injustice sociale sont les mêmes. (1)

---

(1) On n'a, pour s'en assurer, qu'à consulter le tableau suivant que C. de Feuillide a extrait de la *Science sociale* :

« Au quinzième siècle, la population était de 17 millions

Pour saisir ce qui rend encore plus proche l'avénement de la Révolution, il ne faut pas perdre de vue qu'au moment même où, par un

« d'âmes. Au dix-neuvième, elle est de 34 millions, au plus bas
« minimum des statistiques.

« Au quinzième siècle, la classe noble et cléricale ou exploi-
« tante était de 1 million, soit les 0,06 de la population, et elle
« possédait les 0,12 de la richesse territoriale.

« Au dix-neuvième siècle, la classe bourgeoise ou dominante
« est de 9 millions, soit les 0,27 de la population; et elle pos-
« sède les 0,72 de la richesse générale.

« Au quinzième siècle, la classe bourgeoise et ouvrière, ou
« asservie, était de 16 millions, soit les 0,94 de la population, et
« elle possédait les 0,88 de la richesse territoriale.

« Au dix-neuvième siècle, la classe ouvrière ou dominée est
« de 25 millions, soit les 0,73 de la population, et elle ne pos-
« sède de la richesse générale que les 0,27.

« D'où il suit que le nombre des maîtres, du quinzième au
« dix-neuvième siècle, a augmenté dans le rapport de 6 à 27, et
« que celui des asservis a diminué seulement dans le rapport de
« 94 à 73; que la richesse des maîtres a augmenté dans le rap-
« port de 12 à 73, quand la richesse des esclaves a diminué dans
« le rapport de 88 à 27; qu'ainsi le bien-être de la classe exploi-
« tante, au quinzième siècle, était au bien-être de la classe
« exploitée, comme 2 est à 0,93, tandis que le bien-être de la
« classe exploitante, au dix-neuvième siècle, est au bien-être de
« la classe exploitée comme 2,70 est à 0,37.

« Ce qui signifie : 1° que le bien-être de chaque individu de
« la classe exploitante, au quinzième siècle, était au bien-être de
« chaque individu de la classe exploitée comme 2 est à 0,93; —
« 2° que l'individu de la classe exploitée était plus malheureux

effort de conscience, l'humanité arrivait à construire le levier nécessaire à l'évolution, la pensée s'habituait — guidée par la critique phi-

« que l'individu de la classe exploitante dans le rapport de 2°
« 15 à 1 ; — 3° que le bien-être de chaque individu de la classe
« exploitante, au dix-neuvième siècle, est au bien-être de chaque
« individu de la classe exploitée comme 2,70 est à 0,37 ; — 4°
« que l'individu de la classe exploitée est plus malheureux que
« l'individu de la classe exploitante dans le rapport de 7,30 à 1.

« Par conséquent : les exploités actuels sont, en masse, plus
« malheureux que les exploités du quinzième siècle dans le
« rapport de 7,30 à 2,15, et l'individu est plus malheureux
« dans le rapport de 3,40 à 1.

« Si l'on passe à la quotité de l'impôt, on trouve que la classe
« exploitée, au quinzième siècle, payait 1, et qu'au dix-neuvième
« siècle elle paie 5. Donc la classe exploitée est plus malheu-
« reuse qu'elle ne l'était au quinzième siècle, dans le rapport de
« 3,40 multiplié par 5 à 1.

« Ce qui signifie que l'exploité du dix-neuvième siècle est
« plus malheureux que l'exploité du quinzième siècle dans le
« rapport de 17,20 à 1.

« Si l'on passe à la répartition de l'impôt, on voit que l'impôt
« indirect du quinzième siècle ne frappait proportionnellement
« que comme 1, tandis qu'au dix-neuvième siècle il frappe pro-
« portionnellement comme 4. La situation de l'exploité, au dix-
« neuvième siècle, comparée à la situation de l'exploité au quin-
« zième siècle, sera donc exprimé par le rapport de 17,20 mul-
« tiplié par 4 à 1, ou 68,80 à 1. »

Il est à considérer que ceci a été écrit, il y a près de cinquante ans, et que la situation est loin de s'être améliorée, bien au
contraire.

losophique — à voir clair dans l'organisation sociale. Les cerveaux s'imprégnaient du sentiment des injustices qui président à cette organisation et la réflexion, petit à petit, faisait comprendre l'inanité des droits invoqués et l'insolidité des fondements sur lesquels on les étayait.

Le long martyrologe du peuple avant la Renaissance, son inactivité cérébrale, son existence purement physique, presque bestiale, avaient créé un état d'habitude, d'accoutumance aux privations qui tendait à le livrer chaque jour davantage au découragement et à l'abandon de soi-même.

Mille années de souffrances avaient perverti son esprit en lui donnant la conception d'une inéluctable douleur. Rien ne semblait plus luire pour lui et, si les heureux et les puissants tremblèrent à la prédication de la fin du monde, les pauvres, les serfs l'accueillirent au contraire avec joie.

D'ailleurs en ces temps de continuelles affres l'inégalité de condition n'apparaissait pas aussi choquante qu'elle le parut plus tard.

Ce n'était pas une vie inactive que celle des seigneurs féodaux, et leur luxe, leur bien-être étaient de bien peu au-dessus des conditions moyennes de l'existence du peuple.

A part l'autorité tyrannique et toute de bon

plaisir que le Seigneur exerçait sur ses liges, la vie au château s'écoulait triste et monotone, peu différente de celle des vassaux. Même le serf était protégé contre les exactions des routiers et des brigands pillards par le chef qui le défendait ; et, la besogne accomplie, il était sûr de trouver l'asile et la nourriture.

Le seigneur était lui même un vassal et, pour ainsi dire, comme le serf d'un autre seigneur. Quelquefois même, certains d'entre eux étaient à la fois vassaux et suzerains les uns des autres.

Certes on n'entend pas dire par là que la situation du peuple fut enviable, mais il est important de remarquer combien moins apparente que de nos jours était, pour les grandes masses, la dissemblance.

Et pourtant cette différence n'était pas complètement inaperçue. Les revendications se faisaient jour dans les hérésies du XII$^e$ et du XIII$^e$ siècle; les Lollards clôturaient leurs réunions par le chant:

« When Adam delved and Eva span, who
« was then the gentleman? : Quand Adam
« bêchait et qu'Eve filait, où était alors le gen-
« tilhomme ? »

Ce sont, en effet, les guerres de religion qui en France furent le signal le plus marqué de la reprise des esprits. En fouillant aux vieux évangiles, les Albigeois et les Vaudois y trou-

11.

vèrent la notion de l'égalité entre les hommes et sa glorification. Ils y virent la condamnation d'Ananie et Saphira, frappés de la foudre pour avoir, par un sentiment d'égoïsme individuel, dissimulé une partie de leur fortune personnelle.

Mais nous avons suffisamment indiqué cette évolution dans les pages précédentes pour n'y pas insister à nouveau. Ce qu'il faut retenir c'est que, de ce moment, les consciences conçurent la possibilité d'un mieux.

Et, au lendemain de ce jour, merveilleux renouveau de l'esprit — irradiant de sa bienfaisante lumière l'entendement humain — quelques hommes osèrent reprendre les philosophes de l'antiquité, redire leurs sentences et les adapter aux temps et aux mœurs. L'œuvre de lente, mais certaine incubation commençait.

Non, elles ne furent ni inaperçues ni incomprises les satires littéraires de la Renaissance, bien que le plus souvent dissimulées sous le masque de la raillerie, même grossière. Peu à peu, phrase à phrase, elles s'incrustaient aux cerveaux, frustes d'abord, tout en sonorités, puis, — suivant la norme rationnelle du développement, — après le mot qui éveillait l'esprit l'idée naissait, laissant, ou pour mieux dire donnant, libre carrière aux déductions et aux inductions dont aujourd'hui nous recueillons pieusement les résultats.

Il s'est établi, dans les consciences humaines, depuis la léthargie médiévale, un atavisme de réprobation contre l'organisme social.

C'est de lui que vient aujourd'hui le sentiment inconscient, il est vrai, chez quelques-uns, mais fortement accusé quand même, qu'il y a autre chose à faire que ce qu'on avait coutume de regarder comme le mieux possible.

Et l'erreur, pour certains, est de s'imaginer que cela se peut sans changer de fond en comble l'organisme social. Il faudra pourtant bien le reconnaître et renoncer aux préjugés trompeurs. Le peuple veut que tout change. Peut-on encore espérer que les phrases redondantes et les mots sonores le tromperont!

Malheureux ceux qui le croient, et misérables les espérances de ceux qui cherchent à le faire croire.

## XXXII

Au moment où la Révolution battait son plein, Louis XVI fit appeler Rivarol : « Songez-y bien, « Sire, lui dit celui-ci, lorsqu'on veut empêcher « les horreurs d'une révolution, il faut la vou- « loir et la faire soi-même. »

Et il est certain que la démocratie ne trouvant pas dans l'état actuel les satisfactions et la justice qu'elle se croit, à bon droit, apte à exiger, elle veut et fera elle-même cette Révolution.

Mably, dans son traité de législation, recherchait « une organisation sociale qui, sans dé-
« truire complètement la propriété individuelle,
« préparât les citoyens d'un état corrompu à se
« rapprocher des lois de la nature. »

Que demande-t-on davantage au moment présent? Seulement — nous l'avons démontré — cette conquête est aujourd'hui possible et réalisable. Les moyens d'y arriver sont à la disposition du peuple; intelligence et connaissance, force et puissance, il détient tout ce qui lui manquait jusqu'ici.

Et qu'on n'aille pas croire que ce soit là un courant d'idées facile à dériver. Rien ne pourra plus le faire retourner en arrière. Malgré qu'en disent les politiciens tout le monde sent bien « qu'il n'y a pas de péril social mais seulement
« des souffrances sociales. »

Hélas! une longue et douloureuse expérience le prouve trop surabondamment.

Depuis le commencement du siècle il y a eu de nombreux retours vers le passé ; la leçon qui en fut la suite a été terrible, mais féconde.

« L'âge d'or qu'une aveugle tradition place
« dans le passé, a dit Saint-Simon, est devant
« nous. » C'est pour la démocratie, après les durs

essais si malheureusement répétés, une vérité démontrée.

C'est vers cet avenir que se tournent tous ses regards, que se portent toutes ses espérances. Elle ne veut plus recommencer l'éternel labeur de duperie auquel son ignorance, son inconscience des choses et de leur raison l'avait condamnée.

Le grand démocrate que fut Edgar Quinet, écrivait, dans son histoire de *Marnix de Sainte-Aldegonde*, cette phrase, qui est bien la constatation vraie de la fière et salutaire conviction populaire: « l'histoire hait les dupes ; elle les
« met presqu'au rang des coupables, et ce n'est
« qu'une demi-injustice. Etre abusé, c'est pres-
« que toujours le signe d'une situation fausse.
« Un degré d'intrépidité de votre part et vous
« n'eussiez pas été trompé. »

Oui, être dupe, ce serait être coupable ; et la raison si haute du peuple ne veut d'aucune culpabilité.

Si parfois, pour éviter la responsabilité de son action directe, ou par manque d'énergie, il a laissé aux mains de soi-disant sauveurs le soin de faire l'œuvre utile ; s'il s'est laissé aller à ces erreurs de mettre en d'autres mains sa confiance ; s'il a prêté son concours passager aux aventuriers de tout ordre qui devaient le suppléer dans son rôle bienfaisant ; s'il a conspiré par l'abandon de son action, il peut dire ce que Lamartine clamait au 12 juillet 1848: « j'ai conspiré « comme le paratonnerre conspire avec la « foudre. »

Même quand il se trompe, les actes du peuple portent en eux une leçon, une sanction ; la leçon c'est l'injustice actuelle ; la sanction sera l'acte viril de demain.

## XXXIII

Cet acte de virilité quel sera-t-il ? Ici se pose le redoutable problème.

La Révolution se fera-t-elle d'elle-même sans convulsions, par un effort de volonté, ou bien hélas ! faudra-t-il revoir encore les journées néfastes et les luttes sanglantes ?

Il est inutile d'affirmer notre espoir en la première solution ; mais, dans cet examen rapide de la situation actuelle, ce ne sont pas nos désirs qui sont en jeu. Scrupuleux observateur des faits, nous essayons d'en tirer l'enseignement et de voir les conséquences qui en découlent.

Bien que la résistance désespérée des intéressés et des favorisés doive être aussi énergique que possible, il paraît certain qu'il n'y aura nul besoin d'en arriver aux moyens extrêmes.

Hier, en Angleterre, pour supprimer le vagabondage étranger, la classe dirigeante, constatant l'inefficacité de la loi, demandait d'exceptionnelles mesures et rappelait la parole d'Hippocrate « : Ce que la médecine ne pourra « guérir, le fer le guérira ; ce que le fer ne pourra « guérir sera guéri par le feu. » (1)

Quelles atroces et imprudentes paroles qui semblent appeler les représailles et excuser d'avance tous les excès.

Mais heureusement que l'action prolétarienne, s'étendant partout, ayant partout créé de puissantes associations, pouvant dans un concert commun exercer une influence salutaire et sérieuse, nul, contre elle, n'osera rappeler la terrible formule.

Cette influence bienfaisante commence à se faire sentir et, à l'heure actuelle, la nécessité de tenir compte de la volonté populaire s'impose à tous. Il y a à peine quelques jours, un journal, de réaction bourgeoise pourtant, *La Paix* reconnaissait cette vérité : « Ce qui à un

---

(1). C'est là la règle même du saint office : « Quibus verba non medentur, medeantur minæ; quibus minæ non medentur virga medeatur ; quibus vero virga nec medetur eos ignis depascat : ceux que les paroles ne guérissent pas, qu'ils soient traités par la menace ; ceux que la menace ne guérit pas qu'ils soient traités par la verge ; ceux que la verge ne guérit pas, que le feu les dévore. »

« moment paraît excessif à un peuple doit
« disparaître de ses lois, dût cette disparition
« déplaire à quelques-uns. »

Cela prouve, une fois de plus, ce que nous avons dit, que la fatalité d'une organisation autre s'est emparée de tous les esprits.

Les sociologues — à côté de la partie critique si brillante et si remarquable de leurs œuvres — ont établi la manière dont ils comprennent cette nouvelle organisation. De là les différentes écoles. Mais de tous ces systèmes qui sait ce qui restera quand la démocratie laborieuse aura prononcé ?

Ce qui est dans le consentement unanime, c'est l'inéluctabilité d'une évolution ; cette unanimité ne s'est pas encore établie sur la doctrine.

De cela quelques-uns veulent inférer que le manque d'unité empêchera la catastrophe finale, suivant leur expression.

C'est une erreur ; quelque divisés que puissent paraître en apparence les socialistes, il y a toujours un fonds commun qui relie entre elles toutes les écoles. La lutte des idées n'empêche pas l'alliance pour marcher à l'assaut de la vieille conception des sociétés. Dans chacune de ces écoles, en dehors de la critique qui est inattaquable, il y a des aphorismes et des axiomes semblables, et elles ont entre elles tant de points de contact qu'on peut affirmer hautement que, seul, l'esprit de tactique les différencie. (1)

A la veille de 89 était-on plus d'accord que nous le sommes aujourd'hui ? Une concordance plus grande existait-elle entre les théories et les aperceptions des philosophes ? Il est de vérité courante que non.

Après le 14 juillet, il n'y avait dans le personnel politique que trois républicains : Camille Desmoulins, l'abbé Faucher et Bonneville. On sait que Danton, Robespierre et Marat lui-même ne songeaient pas à réaliser cette forme de gouvernement avant la journée du 10 août.

C'est là que le génie supérieur du peuple, l'instinct admirable des collectivités se montre dans toute sa grandeur et ses hautes vertus. Au milieu de l'hésitation des hommes, il prononce et réalise. Si son action n'a pas une suffisante durée, si son contrôle, pourtant si nécessaire, n'est pas incessant, cela tient surtout aux différentes causes que nous avons indiquées. Tant

---

(1) Un abbé du dix-huitième siècle était engagé dans une discussion avec un de ses confrères à propos des *cinq propositions ?* on voulait les mettre d'accord en leur faisant remarquer qu'il y avait au moins un point commun entre eux : c'est que ni l'un ni l'autre ne croyait en Dieu. « C'est vrai, répartit le moine disputeur : mais lui c'est un athée moliniste, et moi je suis athée janséniste. » — E. Caro. *La fin du dix-huitième siècle.*

qu'il n'était pas affranchi de préjugés et qu'il n'avait pas atteint sa majorité, il était capable d'un grand effort de moment mais là s'arrêtait sa puissance.

Proudhon indiquait d'une manière saisissante la raison de ces défaillances : « Comme « tout bien-être doit s'obtenir par le travail, à « peine de vol, de même toute connaissance « doit-être le fruit de l'étude, à peine de faux. »

Et on a vu dans les pages précédentes que l'étude lui avait été impossible ; de là, l'empirisme fatal qui marqua les précédentes révolutions.

Et malgré tout, que fécondes elles ont été; sinon par le changement réel du monde social et de ses rouages, du moins par les idées qu'elles ont jetées en pâture aux esprits, et par l'exemple.

« Il en est de la puissance des Rois comme « des statues des Dieux : les premiers coups « portent sur le Dieu même, les derniers « ne tombent plus que sur un marbre défi-« guré. » (1).

Les coups des premières révolutions ont détruit le prestige des modalités anciennes. Il ne reste plus aujourd'hui que le marbre défiguré.

Plus n'est besoin d'effrayant labeur ou d'effort désespéré pour achever la besogne. En face

(1). CHAMFORT.

des attaques, triomphantes parfois, toujours fécondes et renouvelées après les défaites, la crainte a disparu. Au jour du grand sacrilège, la foudre n'a pas anéanti, à jamais, les impies qui attaquaient la sacro-sainte société, et alors le courage est venu aux plus timides ; on a raillé la divinité et on la chassera bientôt du dernier de ses temples.

Ainsi qu'au lendemain de la prise de la Bastille, qui pendant tant de siècles avait terrifié le peuple, on écrivit sur ses ruines — superbe moquerie — « Ici on danse » ; nos enfants n'auront pas assez de railleries pour le monument d'infamie et d'injustice qu'est la société capitaliste actuelle.

Il apparaît nettement là où le doute est si général sur la justice de l'état social actuel, où ses origines ne peuvent être attestées par le Droit, où sa légitimité devient suspecte ; il apparaît nettement, que ses défenseurs ne peuvent être ni bien résolus ni avoir la foi qui rend invincible.

Et ces défenseurs sont les moins nombreux : privilégiés, ataviques, égoïstes ou malhonnêtes (j'oubliais une fraction importante : les imbéciles), qu'est-ce que cela peut bien opposer de résistance à la volonté populaire !

Dans la classe prolétarienne, au contraire, chacun sent que tout va mal et que rien ne peut être plus détestable et plus néfaste que ce qui est. Ceux qui ont réfléchi, appris, et ils sont légion, ont une conception lucide de ce qu'il faut supprimer et de ce qu'il faut établir ; les autres iront à la Révolution dans un acte de foi en l'avenir que le désespoir des misères présentes leur aura inspiré.

Il est des moments dans la vie où la misère est si grande, les douleurs si exacerbées qu'on accepterait tout pour arriver à les soulager.

N'est-ce pas l'état psychologique du prolétariat ?

Ajoutez qu'il sait aujourd'hui, par la critique socialiste, que le manque de justice est la conséquence du manque d'égalité. Avec cette perception consciente des raisons de son malheur, il ne peut pas hésiter.

D'un côté donc, ceux qui veulent maintenir les conditions actuelles ; de l'autre, ceux qui veulent faire disparaître toutes les iniquités.

Les premiers ne sont plus assurés de la légitimité de leur cause, à laquelle seul les retient leur égoïsme ; les seconds sont entraînés par l'héroïque confiance que donnent le dévouement et la conscience éclairée.

L'égoïsme mesquin contre la foi radieuse ! Non, la Révolution se fera sans lutte ; une pareille bataille serait trop inégale pour être tentée. L'ombre ne lutte pas contre la lumière.

Le sentiment sordide de l'intérêt personnel disparaîtra devant le rayonnement de la Fraternité et de la solidarité collectives.

C'est notre ferme croyance ; le peuple n'a qu'à bien vouloir. La vérité de sa doctrine, la justice de son action suffiront pour faire s'évanouir toute velléité de résistance. La bourgeoisie est tellement gangrenée, tellement débilitée ; elle a perdu si complètement le sens moral et l'intelligence de l'honnête et du bon, qu'un souffle doit renverser sa puissance (1).

(1) Dans un de ses ouvrages, couronné par l'Académie des sciences morales et politiques, Pecqueur, trace ce portrait bien ressemblant de la bourgeoisie : « Les intérêts satisfaits et vainqueurs n'ont à opposer, pour s'absoudre devant l'histoire, que leur ignominie et leur aveuglement. Fanatiques de leur chose, et accoudés sur leurs droits acquis, ils sont durs et intraitables comme l'avare auprès de son trésor menacé.

« Assis par hasard au banquet de la vie, ils s'irritent qu'on les y trouble, et sont implacables contre qui veut y prendre place en nouveau convive. Ils se croient des saints, lorsqu'ils se contentent de leur part et qu'ils n'ont ni dettes ni procès, que la patrie et les gendarmes les laissent libres, et que nul ne peut leur dire avec la loi : Fripon !

« Pour eux, pauvreté, c'est vice ; vertu, c'est niaiserie ou hypocrisie ; dévouement et sacrifice, c'est folie !

« La patrie c'est leur famille, leur champ, leur boutique ; l'humanité, c'est leurs enfants ; et leur famille, leurs enfants, ils les aiment à la manière des loups ; Tout pour soi et pour ses petits. Ils ont perdu le sens des choses sociales, et n'ont retenu des prescriptions morales que celles qui s'adaptent à l'égoïsme

Elle crie bien fort mais, comme le font les poltrons aux sentiers de la forêt sombre, pour cacher sa peur.

Non, la Révolution n'aura pas à traverser les dures épreuves qui accablèrent nos pères. Elle s'établira glorieuse et forte, sans convulsions et sans combat.

Seules les grandes vertus font les courages élevés. Mais où sont aujourd'hui les vertus de la bourgeoisie ? Vauvenargues dit que les grandes vertus viennent du cœur ! Où bat le cœur dans la société capitaliste ?

L'addition luttant avec la passion ? Non, rien ne rendra douloureux les premiers jours du triomphe. Aucune larme ne se mêlera aux chants de victoire. La prochaine crise sera pacifique.

## XXXIV

Elle le sera malgré les attaques sans cesse renouvelées de la classe bourgeoise contre le peuple. Car si l'on veut être de bonne foi, il faudra bien constater que la guerre civile n'a pas

Ils ont des droits et pas de devoirs. Sans la menace du porteur de contraintes et de la force armée, ils ne payeraient pas leurs impôts. Sans la peur des émeutes et des assassinats, ils ne voudraient ni gouvernement, ni police, ni hospices, ni aumônes, ni bureau de bienfaisance, parce que tout cela coûte cher. »

toujours été amenée par l'entente et la volonté des oppositions ; mais bien plutôt par les provocations voulues ou les tactiques criminelles des gouvernements aux abois.

Les barricades ne se dressèrent dans Paris, en 1789, qu'au lendemain de ce diner des gardes du corps, ou vinrent la reine et les princes; dans lequel le peuple fut bafoué, injurié, insulté ; la cocarde tricolore, foulée aux pieds.

Est ce donc si loin de nous, qu'on ait oublié les *journées* qu'organisaient tour à tour MM. Thiers ou Guizot pour soutenir leurs ambitions, assurer leur domination ou simplement amener la chute de leur rival ? Ce fut une tactique courante sous le règne de Louis-Philippe.

On reproche quelques fois aux journaux socialistes l'âpreté de leur polémique. Nombre de nos amis sont impitoyablement frappés pour des mots de combat, ou simplement pour l'étude toute philosophique de doctrines, qui, faites sous la forme de livres, ne sortent point du domaine de la discussion des idées et ne sauraient en aucun cas être considérées comme des armes ou des tactiques de combattant.

Que dire alors des polémiques furibondes, des attaques voulues, des provocations enragées (1)

---

(1). On se rappelle Gisquet, préfet de police, adressant à ses

de certaine presse conservatrice quand, voyant l'opinion publique se former contre son parti, elle appelle en écumant de rage et bavant de colère, la répression du gouvernement contre les opposants ?

Après l'atroce et déshonorante répression de juin 1848, les réactions de tout ordre espéraient avoir à tout jamais étouffé l'esprit démocratique. Mais les élections de 1851 montrèrent l'erreur. Le succès de la démocratie s'annonçait certain pour le renouvellement de 1852.

Aussi de toutes parts, pour pousser la population à l'émeute, pour exciter les haines, allumer les passions, tout fut bon; c'était donner l'occasion de faire appel à la force, on espérait bien ainsi noyer dans le sang les revendications et, pour cette fois, écraser à jamais les démocrates.

Romieu publie le *Spectre Rouge*, un pamphlet incendiaire. Carlier (1) fait couper les arbres de la liberté ; il fait brutalement enlever les

---

commissaires une circulaire par laquelle il prescrivait de surveiller les républicains qui annonçaient l'intention de répandre des matières empoisonnées sur les étaux de boucheries, afin de porter préjudice au gouvernement du roi. — MAXIME DU CAMP, *Souvenirs littéraires*, 1882.

(1). C'est ce même Carlier qui, à la veille du Coup d'État, proposait de déporter en un tour de main quelques centaines d'individus, qui voulait enlever à Paris ses grandes écoles et supprimer le ministère de l'Instruction publique.

pieuses offrandes que le peuple avait suspendues aux grilles de la Bastille en commémoration du 24 Février, et cela avec une telle brutalité, un tel cynisme, que Ferdinand Barrot, ministre de l'Intérieur, crut devoir flétrir un pareil acte, qu'il qualifia de profanation, à la tribune de l'Assemblée.

Mais voilà qu'à de nouvelles élections partielles la démocratie socialiste triomphe encore : le besoin d'une émeute se fait sentir de plus en plus pour pouvoir bâillonner, par l'état de siège, cette voix populaire qui trouble le repos de la réaction bourgeoise.

Les journaux stipendiés redoublent de violences : le *Constitutionnel*, la *Patrie* forgent d'atroces et terrifiantes calomnies. La presse socialiste prêche le calme au peuple en lui montrant le piège. Et alors, contre elle qui veut la patience et la paix, on déchaîne les persécutions, les rigueurs inouïes. Le parquet dépasse toute mesure.

Sûr de sa puissance, le peuple ne répond que par le dédain ; le suffrage universel devant le venger sous peu.

C'est alors qu'on songe à lui enlever cette dernière espérance, cette arme dernière. Sous prétexte d'épurer le suffrage universel, la loi le transforme et le mutile. Elle sacrifie les pauvres et les salariés, qu'elle met à la merci du patron ou du maître, seuls juges de la constatation de durée du domicile.

« Mensonge et hypocrisie au frontispice — disait de cette loi Michel de Bourges — et la guerre civile au bout. »

C'est l'heure des plus odieuses provocations.
« Montrez-vous donc, héros des caves et des
« souterrains! écrit la *Patrie*. Comment! on vous
« insulte, on vous abreuve d'humiliations, on
« viole l'arche sainte que vous avez constituée
« de vos mains si pures, et vous êtes insensibles!
« Il n'y a pas de milieu : vous êtes des tartuffes
« ou des lâches ! »

Et plus loin, s'adressant aux conservateurs :
« Nous devons combattre à outrance et tous les jours *par tous les moyens légaux et* ILLÉGAUX. »

Est-ce donc le peuple qui fomentait ainsi, en dépit de la vérité et de l'honneur, la guerre civile ?

Nous nous sommes attardés à cette période de notre histoire, parce qu'elle nous semble contenir un enseignement qui se passe de commentaires, alors surtout qu'aujourd'hui on sent comme des velléités de pareils attentats.

La presse gouvernementale et réactionnaire ne pousse-t-elle pas chaque jour le pouvoir aux dures répressions, et quelques-uns ne parlent-ils pas de bonifier le suffrage universel par une transformation savante ?

Heureusement que nos gouvernants sont prisonniers des conservateurs ralliés, qu'ils ne peuvent se maintenir que par le bon plaisir de ceux-ci, et, suivant la parole de Jules Favre, « si rien n'est plus dangereux qu'un pouvoir oc-« culte, rien n'est plus faible qu'un ministère « protégé. »

## XXXV

La prochaine crise sera pacifique, avons-nous dit, et de cela il faut se féliciter, car c'est une preuve qu'elle sera profitable et de féconde durée.

Jamais la haine n'enfanta rien qui eût d'heureuses et continues conséquences. Pour réaliser l'harmonie sereine qui doit être la règle de la société future, le sentiment de l'amour doit être la dominante des actions humaines.

L'amour, dans sa forme éthique, s'appliquant à tous les individus, sans qu'aucune trace d'égoïsme le vienne flétrir ; l'amour, dans ses manifestations altruistes dégagées de tout sentiment bas ou intéressé, que la philosophie révolutionnaire a appelé : Fraternité et Solidarité !

Eh quoi ! quand on s'insurge au nom du droit égal et du respect absolu du moi du voisin, pourrait-on garder un souvenir de colères contre quelques-uns ?

Non, il ne faut pas que la Révolution triomphante conserve aucune idée de représailles. Bon pour la bourgeoisie d'avoir la vilenie des rancunes contre ses adversaires : ce qui l'inspire échappe aux hautaines et superbes inspirations de la Justice. L'abnégation de l'individu devant le bien de la collectivité est un sentiment trop élevé pour que son âme avilie par une longue possession d'état d'injustice, pour que son cœur desséché par l'accoutumance des jouissances nées de l'iniquité sociale, puissent s'élever jusqu'à elle.

Mais le peuple, lui, dans sa superbe conception du bon — cette forme virtuelle du beau, disait Platon — apporte toutes les charités, toutes les indulgences.

Si, pendant la bataille, terribles peuvent être ses colères contre l'obstacle qui s'oppose à la réalisation de son idéal, la lutte terminée, il devient pitoyable aux vaincus. C'est là ce qui assure et établit sa force.

Les faibles seuls sont sans pitié et n'ont aucune merci, parce que leur fureur est faite à la fois de la peur qu'ils ont ressentie et de celle qu'ils essayent d'inspirer.

Quelle piètre intelligence de la vérité ! La terreur n'a qu'un temps. Malgré les bûchers, la torture, les cachots, les idées marquent leur voie. La conscience a trop en elle-même sa récompense et son mobile pour que rien puisse empêcher ses manifestations.

D'ailleurs l'agrégat humain a cela de merveilleux que tous les atomes de ses parties se mêlent et s'associent dans la synthèse du maximum possible de bien ou de mal. Quoi que les théologiens essayent d'établir, il y a plus de bien que de mal dans l'humanité, et c'est l'éternelle gloire du XVI<sup>e</sup> siècle de l'avoir proclamé.

Si le bien est perfectible à l'infini, si son concept ne saurait se limiter, il n'en est pas de même du mal. Les passions se corrigent par le développement intellectuel; peuvent-elles s'aggraver ? Le mal peut-il avoir un accroissement sans bornes ?

Il est facile de voir l'ineptie d'une pareille thèse. Le mal social consiste dans les préjudices possibles envers l'individu ou la Société. Mais, à supposer qu'il puisse exister encore après l'évolution normale du cerveau régénéré par la science, il trouvera alors pour s'opposer à lui, réprimer ses tendances, arrêter son pouvoir, un individu ou une collectivité chaque jour plus armés, plus fortement organisés, plus justement associés. Par cette sorte de fusion de tous dans un, comme d'un dans tous, se trouvera limitée son action.

12.

Le bien, au contraire, participe de tout ce que gagnent la cérébralité et l'intellectualité tant de l'individu que de la collectivité. Il se transforme, sans cesse, dans les progrès que chacun et tous réalisent.

Le mal, en un mot, n'est que le retard de la conscience humaine, et, à moins qu'elle ne meure — la mort étant la seule forme possible matériellement du repos, de l'arrêt — l'humanité marchera sans cesse.

Les retardataires seront bientôt hors de la route et nul ne pourra plus les apercevoir.

C'est, au milieu des erreurs des temps présents, ce qui réconforte le penseur. Il ne perd pas l'espoir — dans cette éclipse momentanée de raison et de vertu que subit la société — car déjà, sous les nuages qui l'enveloppent encore, il sent percer les rayons et la chaleur vivifiante de l'éternelle clarté du droit.

## XXXVI

Mais où donc chercher la morale d'où doit sortir le salut dans les temps présents ?

Il semble que tout ait sombré de l'enseignement donné par la haute philosophie si humaine des sages. Le monde ne vit plus que d'intérêt. « L'or est le souverain des souverains », a pu dire Rivarol au siècle dernier. Et de nos jours la puissance détestable de l'or se fait sentir encore plus funeste.

Plus la science financière s'est augmentée, plus les moyens se sont accrus, et plus aussi le capitalisme est devenu l'arbitre tout puissant. Par sa forme anonyme, il a encore développé l'égoïsme primitif, en faisant disparaître l'acte personnel et en supprimant les responsabilités individuelles. Jaurès a donné la formule nouvelle : « chacun pour soi, tout pour l'argent. »

Qu'espérer au fond de l'abîme où la hideuse ploutocratie nous a plongés?

Cette soif des richesses, ce règne incontestable, dans sa vilité, de la fortune, a fait disparaître jusqu'au souvenir de ce qui subsistait d'honneur et de générosité.

Comment remonter la pente fatale que nous avons descendue ?

Et puis, n'est-ce pas une inéluctable fatalité, dans la forme actuelle de la production, que la nécessité du capital? N'est-il pas le moteur et l'intermédiare nécessaire à l'activité et même à la vie du travail ?

Le capital moteur du travail! mais il en est, au contraire, l'empêchement, car il en a fait une peine, un martyre en le subordonnant, non aux besoins communs, mais aux fantaisies et aux exigences de son intérêt particulier.

Le travail est une loi de nature, et la possibilité d'inaction que donne la possession du capital, a seule rendu possible l'oisiveté et anobli la paresse. L'inégalité qu'elle a créée, en donnant aux oisifs toutes les joies et aux laborieux toutes les misères, a seule aussi causé cette aberration : le dégoût et le mépris du travail.

« La paresse n'est engendrée que par les ins-
« titutions arbitraires, qui prétendent fixer,
« pour quelques hommes seulement, un état
« permanent de repos que l'on nomme prospé-
« rité, fortune, et laisser aux autres le travail et
« la peine. Ces distinctions ont jeté les uns
« dans l'oisiveté et la mollesse, et inspiré aux
» autres du dégoût et de l'aversion pour les
« devoirs forcés. » (1)

Le capital, un intermédiaire nécessaire ! Cela rappelle le dialogue de Rivarol et de Chamfort :
« Mais la noblesse, disait le premier, était
« selon vous un intermédiaire entre le roi et le
« peuple ! —« Oui, ripostait Chamfort, mais j'ai
« achevé la phrase ; oui, intermédiaire comme
« le chien de chasse est un intermédiaire entre
« le chasseur et les lièvres. »

Ploutocratie, capitalisme, voilà bien les coupables, voilà bien ce qu'il faut attaquer et détruire. L'abime n'est pas si profond qu'on

---

(1). Morelly. *Code de la nature.*

n'en puisse sortir, la pente si roide qu'on ne la puisse remonter. C'est à ce labeur que s'est adonné le socialisme. Le triomphe des idées révolutionnaires sera le résultat de cet effort.

La besogne est accomplie dans les couches profondes de la société. La flétrissure de l'oisiveté est prononcée. La réhabilitation, que dis-je? la glorification du travail est accomplie. Les parasites eux-mêmes sont entraînés à faire parade de ces convictions.

Quand le mensonge d'une chose est devenu si flagrant que personne n'ait l'audace de le nier, on ne saurait, sans folie, concevoir qu'il puisse se maintenir ni subsister.

L'idée de justice, développée par l'instruction, a dissipé tous les sophismes, et, bien qu'il en ait, le régime capitaliste et bourgeois est blessé à mort. Ses prétentions à la puissance et à la direction sociales deviennent ridicules.

Je me souviens d'une fable d'un anonyme, que j'apprenais enfant :

« Elle est à moi, disait arrogamment un homme
« Qui des griffes d'un singe arrachait une pomme :
« Il l'ouvre, et tout à coup jugez de son émoi,
« Quand il y trouve un ver qui dit : Elle est à moi.

Que nos dirigeants, réfractaires au progrès social, en tirent la morale. Peut-être seront-ils moins enclins à affirmer la valeur de leur prétendu droit, la légitimité de leur autorité.

Quoi qu'ils fassent d'ailleurs, cette morale, le peuple la saura bien tirer. La terre est à moi, dirent les bourgeois en se substituant à la noblesse en 1789; c'est la voix du peuple qui à la prochaine Révolution, — avec le sentiment élevé de l'égalité étendue à tous — dira : Elle est à moi.

## XXXVII

La justice que nous invoquons, dont nous faisons le critère de la Révolution future, les principes de la grande Révolution dont nous nous réclamons sans cesse, tout cela n'est-il pas détruit par la conception d'un État socialiste?

Demander le retour des mines, des chemins de fer, de la banque de France à l'Etat, la destruction de la grande propriété industrielle et capitaliste, cela paraît en effet, au premier abord, contraire à la notion du juste et aller à l'encontre des idées premières de la Révolution française.

Le simple examen, fait avec bonne foi, de ces questions, détruira facilement ce préjugé.

Et tout d'abord, écartons les mines, les chemins de fer, les institutions de crédit qui, étant la suite de concessions gracieuses, peuvent de même, par le fait du prince, être retirées. Ce que la loi a fait, la loi peut le défaire — C'est ce que récemment proclamait la jurisprudence du Conseil d'Etat à propos d'une concession en Algérie. Et il suffira du vieil adage juridique *summum jus summa injuria* pour répondre à ceux qui voudraient nous apitoyer sur certains intérêts particuliers lésés.

Il est du reste de pratique commune de faire céder le bien particulier devant le bien général. Quel officier répugne à sacrifier un bataillon pour sauver l'armée ?

D'un autre côté, la justice n'existant que par l'extension à tous de l'égalité, le maintien d'un privilège quelconque serait contraire à son essence même. Le droit ne se prescrit pas. Ce qui ne fut que faveur peut donc disparaître — doit donc disparaître, devrais-je dire — sans manquer aux règles du juste rigide.

Ce raisonnement s'applique aussi fortement à la grande propriété industrielle et capitaliste. Car si, ici, la fortune n'est pas établie par un acte du pouvoir, elle est la conséquence des privilèges que s'arrogea une classe.

Une chose n'est licite que par l'équité de son origine. Or, tous les penseurs le,s philoso_ phes, Pascal lui-même (1) sont unanimes pour ne trouver que des justifications plus ou moins boiteuses à l'origine de la propriété.

Il est indéniable qu'elle n'est constituée à son début que par un acte de violence, de confiscation (2). La légitimer par une longue possession

---

(1). Ce chien est à moi, disent ces pauvres enfants ; c'est là ma place au soleil : voilà le commencement de l'usurpation de toute la terre. PASCAL.

(2) La spoliation, la délation, la confiscation étaient encore sous Louis XIV, un des moyens de faire ou d'augmenter sa fortune.

Pour un avis (dénonciation) donné, contre les trésoriers à l'extraordinaire, par *Monsieur*, celui-ci espère en avoir un million — DANGEAU, 1696. — MM. de Grammont, de Guiche obtiennent en se faisant *donneurs* d'avis, des dons de 40,000 écus 50 et 80,000 livres. — (*ibid.*) — La prime à la délation est inscrite dans la loi, le roi met les délateurs sous sa protection et défend à toute personne sous *peine de vie* de les détourner ou intimider, de leur méfaire ou d'en médire. — (*Déclar. royale* 1716).

Le 10 mai 1711 le roi donne à l'abbé de Polignac la confiscation des biens de M. de Ruvigny. — DANGEAU.

« A une chasse du roi, en 1665, plusieurs seigneurs s'égarèrent et trouvèrent asile chez un gentilhomme nommé Fargues, lequel avait figuré dans la Fronde et vivait obscurément dans ses domaines. A leur retour ces seigneurs racontèrent leur aventure en vantant l'hospitalité qu'ils avaient reçue. Le roi leur demanda le nom de leur hôte ; et, dès qu'il l'eut appris : — Comment ! Fargues est-il si près d'ici ? — Puis il manda le premier président Lamoignon et *le chargea d'éplucher la vie de ce gentilhomme en lui montrant un extrême désir qu'il pût trouver le moyen de le faire pendre*. Fargues, fut impliqué dans un

d'État ? On voit où cela peut entraîner. Rien ne peut plus exister avec une pareille doctrine;

meurtre commis au plus fort des troubles, et *malgré l'amnistie* condamné à mort et exécuté. — *Ses biens furent donnés au premier président Lamoignon.* » — Dangeau cité par C. de Feuillide, *Avant 1789.*

Et le nom de Lamoignon est un des grands noms de la magistrature !

Les rois eux-mêmes trafiquaient et tâchaient d'augmenter leur Trésor par tous les moyens. On sait le rôle de Louis XIV et de Louis XV lors des disettes : « Messieurs des finances s'emparèrent des blés par émissaires répandus dans tous les marchés du royaume, pour les vendre ensuite, au prix qu'ils voudront mettre au projet du roi, sans oublier le leur ». — Saint-Simon. — Du reste pour assurer l'opération ceux « qui vendraient leur blé au dessous du maximum excessif fixé par la taxe du roi » étaient poursuivis. La duchesse d'Orléans, dans ses Mémoires accuse nettement Mme de Maintenon — « *la vieille* » — de se livrer à cet accaparement.

Le parlement de Normandie, forcé par Louis XV de cesser les poursuites contre les accapareurs, accuse le roi : « Cette défense change nos doutes en certitude. » 1768. — La royauté, elle-même se dénonce en faisant paraître au rang des officiers de la couronne, dans l'almanach royal de 1774, le *Trésorier des grains au compte de sa majesté.*

Du reste les rois n'étaient pas scrupuleux sur les moyens d'augmenter leurs richesses. « Quand le prince dit lui-même: « Ne vous adressez qu'à moi ; je ferai votre affaire; *mais* « *il me faut tant*; il ne reste plus qu'à trafiquer de tout — ce « que nous voyons au temps présent. » *Pierre* de l'Estoile ; *Journal de Henri IV.*

Et Henri IV, fut, dit-on, le meilleur des rois.

13

aucune sécurité ne subsiste plus : l'impunité devient la seule base du droit.

Mais les principes de la Révolution ! Ils ont, dit-on, proclamé le respect de la propriété.

Voyons comment à la Constituante on comprenait son établissement et son origine. Dans son discours sur les successions en ligne directe, Mirabeau s'exprimait ainsi « Si nous considérons
« l'homme dans son état originaire et sans
« société réglée avec ses semblables, il parait
« qu'il ne peut avoir de droit exclusif sur aucun
« objet de la nature ; car ce qui appartient égale-
« ment à tous, n'appartient réellement à per-
« sonne. Il n'est aucune partie du sol, aucune
« production spontanée de la terre qu'un homme
« ait pu s'approprier à l'exclusion d'un autre
« homme. Ce n'est que sur son propre individu,
« ce n'est que sur le *travail de ses mains*, sur la
« colonne qu'il a construite, sur l'animal qu'il
« á abattu, sur le terrain qu'il cultive, ou plutôt
« sur le produit même de sa culture, que
« l'homme de la nature peut avoir un vrai pri-
« vilège ; dès le moment qu'il a recueilli le fruit
« de son travail, le fonds sur lequel il a développé
« son industrie retourne au domaine général et
« redevient commun à tous les hommes.

« Voilà ce que nous enseignent les premiers
« principes des choses. C'est le partage des
« terres fait et consenti par les hommes rappro-

« chés entre eux, qui peut être regardé comme
« l'origine de la vraie propriété et ce partage
« suppose, comme on voit, une société naissante,
» une convention première, une loi réelle...

« Nous pouvons donc regarder le droit de
« propriété tel que nous l'exerçons comme une
« création sociale.

« Les lois ne protègent pas, ne maintiennent
« pas seulement la propriété elles la font naître
« en quelque sorte, elles la déterminent, elles
« lui donnent le rang et l'étendue qu'elle occupe
« dans les droits du citoyen. »

Quelle autre est donc la doctrine des socialistes ? Il est probable d'ailleurs que, dans notre parlement, elle serait accueillie aussi favorablement que les discours de ceux-ci.

Comme conséquence, Mirabeau disait que la société, qui avait créé le droit, pouvait à son gré en limiter l'exercice et en régler la transmission.

Tronchet, qui fut défenseur de Louis XVI et le premier président de la cour de cassation, développe les mêmes idées.

« Le législateur qui entreprend de réformer les lois risque de s'égarer, s'il ne distingue pas la *loi positive* de la *loi naturelle*, s'il ne sonde pas toutes les profondeurs des anciennes institutions.

« Pour apprécier le droit de tester, il faut

remonter aux premiers principes de la propriété.

« Si l'on considère l'homme dans *l'état de nature*, il est difficile de concevoir un véritable droit de propriété; la propriété, dans l'état de nature, est moins un droit qu'un fait ; elle est d'autant moins un droit, qu'elle résulte de la force.

« Cette propriété précaire, ou plutôt cette possession *n'étant que l'effet de l'occupation*, cesse du moment que l'homme cesse d'occuper. Il n'y a donc pas de transmission possible. — L'individu qui vient après la mort du premier occupant a le même droit qu'avait celui-ci de jouir ce qu'il trouve vacant. — C'est donc l'établissement seul de la société, ce sont *les lois conventionnelles* qui sont la véritable source du *droit de propriété* et de transmissibilité. »

Et plus loin, loin de reculer devant les conséquences, Tronchet ajoute : « La loi immuable de la nature qui a créé l'homme *mortel, borne invinciblement son droit de propriété*, sinon à simple usage, au moins dans les limites de son existence (1) ».

On le voit, pour les constituants la propriété n'était qu'une création sociale ; (2) de là, logi-

(1) *Histoire parlem.* T. IX.
(2). L'abbé Maury dans sa réplique à Mirabeau lors de la discussion sur la constitution civile du clergé déclare expressément « une propriété antérieure à la loi est une chimère ».

quement, elle n'est plus que le résultat d'une convention hypothétique susceptible d'être annulée par une convention nouvelle.

Elle n'a plus pour base que l'utilité sociale, dès lors elle ne dépend plus que des convenances ; il appartient à la société, au pouvoir politique qui la représente, de la modifier, la restreindre ou même la détuire.

C'est du reste de ces principes que l'on s'inspira pour établir la forme que la propriété a revêtue de nos jours.

C'était la doctrine courante : et les journaux feuillants de l'époque la promulguent chaque jour. Brissot la défend, Robespierre lui-même en fait le fondement de son projet de déclaration des droits de l'homme : « La propriété est le droit qu'a chaque citoyen de jouir et de dis- « poser de la portion de biens qui lui est « garantie par la loi ». Ainsi donc pour les hommes de la Révolution Française, la propriété était une création de la loi qui en réglait la forme et les privilèges.

C'est là le véritable esprit qui inspira les trois assemblées. Nos dirigeants aiment mieux l'interprétation judaïque et prétendent s'en tenir au mot aveugle et imprécis. C'est peut-être le cas de dire avec l'Évangile « que la lettre tue et l'esprit vivifie. »

Comment expliquer autrement les formes

nouvelles données à la propriété, la suppression des privilèges antérieurs, les confiscations, les changements dans la manière de la transmettre, etc., etc... ?

D'ailleurs la vérité et le bien fondé de cette thèse sont éternels. Combien de fois depuis les premiers âges du monde la forme propriétaire a-t-elle changé ? (1)

Il est enfantin de nier qu'elle soit encore appelée à subir de nouvelles métamorphoses.

Je sais bien que Cazalès déclarait que la propriété était fondée sur le travail, d'où il concluait que les filles devaient être exclues de l'héritage paternel.

Il est difficile qu'on voie là l'esprit de la Révo-

---

(1). Sous la monarchie, les rois faisaient fléchir le droit du propriétaire devant leur volonté : En 1566 Charles IX ordonne d'arracher les vignes dont la trop grande abondance causait la disette. Un édit royal décide qu'à l'avenir les vignes ne pourront occuper que le tiers des terrains dans chaque canton, les deux autres tiers devront être convertis en labours et prés. — 1577. Henri III renouvelle cet édit. — 1731. Louis XIV entreprit de reconstruire la façade du Louvre et les autres vieux corps de bâtiments. Pour n'éprouver nulle contrariété, il fit, le 1er novembre 1660 publier à Paris une défense à toutes personnes d'élever aucun bâtiment sans permission expresse, sous peine de 10,000 livres d'amende. — FELIBIEN, *Histoire de Paris*. — Louis XV interdit toute nouvelle plantation de vignes. Ce dernier allait même plus loin et devançant certains socialistes, qui veulent la confiscation des biens non cultivés, il ordonnait

lution française. Les économistes pourtant ont repris la formule « Le capital, c'est le travail « accumulé ». « Oui, a répondu quelqu'un le « travail des uns accumulé par les autres », et ce lazzi a suffi pour faire justice du sophisme.

## XXXVIII

Il serait grand temps d'en finir avec cette éternelle prétention, qu'affichent les pires adversaires de la République, de conserver, plus précieusement que nous, les traditions de la Révolution française. Monarchistes, ralliés ou résignés, traîtres à la République, tous s'en

que les vignobles que l'on aurait *cessé de cultiver pendant deux ans ne pourraient plus l'être dans la suite*. Que devenait le « jus abutendi » que revendiquent si furieusement les propriétaires modernes ?

Rappelons à titre de souvenir curieux le jubilé des Hébreux (*iobel*, corne de bélier, instrument qui servait à annoncer l'année sainte). Tous les cinquante ans, chacun rentrait dans son héritage ; les dettes étaient abolies, les esclaves rendus à la liberté. Les fonds de terre et les habitations rurales ne pouvaient être aliénés à perpétuité. La vente n'avait d'effet que pour une période qui n'excédait pas cinquante ans. A l'expiration de chaque demi-siècle, on célébrait une fête solennelle, fameuse sous le nom de Jubilé, qui était le signal de la restitution générale. Les immeubles aliénés retournaient à leur vendeur ou à leurs héritiers.

réclament à l'envi. Leur audace dans ce ridicule mensonge a fini par imposer à quelques-uns, et, l'ignorance aidant, ils sont parvenus à faire écouter leurs clameurs.

Et pourtant rien n'est plus éloigné des sublimes élans de dévouement à la chose publique qui caractérisent la glorieuse époque, que les mesquines préoccupations et l'âpre égoïsme bourgeois !

Mais même sans aller au fond des choses, il est facile de se rendre compte que la manière d'être de la bourgeoisie actuelle est en complète contradiction avec les principes posés par les législateurs de 1789 et de 1793.

Que mettaient-ils donc, en effet, à la base de leur idéal social ? La liberté, puis la liberté et encore la liberté.

On sait comment ils en corrigeaient les abus possibles, non par la répression, mais par l'exaltation de l'honneur, l'amour du devoir (1), les leçons d'un enseignement moral, qui, rendant tous les citoyens solidaires, les faisaient frères en donnant pour borne à l'égoïsme individualiste le respect du droit du prochain.

La haute élévation de la conscience, l'abné-

---

(1) « Pour manquement au service ou à l'ordre, la peine sera d'être *suspendu de l'honneur de servir* depuis un jour jusqu'à trois ». Décret 28 sept. 1789 ; sect. 11, art. 4 ».

gation et le dévouement au bien public étaient les seuls freins qu'ils prévoyaient pour assurer la marche de l'humanité vers le bonheur et la justice.

Il faut distinguer dans la Révolution deux choses : la doctrine philosophique sur laquelle devait être établi le nouvel ordre social et la pratique journalière qui s'inspirait des besoins du moment, allait au plus pressé ; non seulement pour briser les liens qui enchaînaient encore le pays, mais aussi pour constituer l'unité de la Patrie et la défendre contre l'Europe entière coalisée contre elle.

Il serait souverainement puéril de chercher l'esprit de la Révolution dans cette dernière.

Ce serait commettre l'erreur de l'observateur, qui voyant, dans un incendie, un homme abattre à coups de hache les portes et les poutres de sa maison déclarerait que c'est là son mode d'existence ordinaire.

Encore que les nombreux décrets de la Convention souvent contradictoires (ce qui prouve bien leur caractère momentané), que les mesures d'exception puissent prêter à une controverse de mauvaise foi, on ne peut pas cependant méconnaître qu'il ne s'y trouve un grand esprit de suite, une méthode philosophique très soutenue, dans tous les actes qui n'étaient pas de pure défense.

13.

Même au milieu des plus grands périls d'une guerre terrible, la subordination du pouvoir militaire au pouvoir civil est complète; même à l'époque où la terreur régnait le plus, l'autonomie des départements et des communes est respectée (1); même lorsque la conspiration royaliste devient la plus menaçante, que la guerre civile à Lyon, à Toulon, en Vendée, etc. semble près de triompher, jamais dans le corps de la loi on ne songe à détruire les libertés conquises : ce n'est qu'avec la réaction thermidorienne que les clubs sont fermés, les sections dispersées, les assemblées de district dissoutes ; même quand les exigences de la défense, la falsification des assignats paraissent légitimer les mesures fiscales exceptionnelles, jamais la législation ne se départ du principe de justice : prendre au superflu, épargner la misère.

Les orateurs de la Constituante, de la Législative, de la Convention proclament que le droit de l'individu ne saurait jamais nuire aux droits de la collectivité. Tous leurs discours affirment la nécessité d'assurer à tous le travail et l'existence; dans toute leur doctrine apparaît cette vérité : la richesse tolérable, seulement alors que les besoins de tous sont satisfaits.

(1). La Révolution a consommé l'affranchissement des communes (ROYER-COLLARD).

Quand dans ce pays sans lien, sans contact, presque sans production et sans commerce; où de province à province, les mœurs, la justice, le droit, la langue changeaient, la Révolution voulut créer une unité sociale, elle dut rompre violemment tout ce qui faisait la constitution particulière de chacune des provinces. Croit-on qu'elle fut guidée par ce désir de centralisation à outrance qui nous étouffe et dont nous mourons ? (1)

Il a fallu le monstrueux génie de Napoléon pour transformer en moyen définitif de gouvernement ce qui n'avait été que l'impérieuse nécessité d'une dislocation momentanée.

La pensée très nette qui se dégage de tous les écrits des précurseurs ou des acteurs de la Révolution est, au contraire, celle de la liberté entière de chacune des petites patries réunies entre elles par un sentiment élevé de solidarité qui assure l'unité de la nation. De même, les grandes patries se devaient aussi mouvoir dans leur liberté propre et entière, mais se solidariser entre elles, pour former la République Européenne d'abord, Universelle ensuite.

L'intervention révolutionnaire chez les peu-

(1). « Le centre du corps politique peut être de papier, mais il faut toujours que les extrémités soient d'or. Si les extrémités se changent en papier, la circulation s'arrête et le corps politique expire ». RIVAROL.

ples qui faisaient appel au gouvernement français ne s'inspirait pas d'autre chose.

Je ne sait par quelle audacieuse falsification on a pu méconnaître cette vérité si vivace pourtant encore en 1835 et 1848.

Le projet de déclaration des droits de l'homme reconnaît formellement le droit au travail, le droit à l'assistance, l'impôt progressif.

« La Société est obligée de pourvoir à la sub-
« sistance de tous ses membres, soit en leur
« procurant du travail, soit en assurant les
« moyens d'exister à ceux qui sont hors d'état
« de travailler (art. 11).

« Les secours nécessaires à l'indigence sont
« une dette du riche envers le pauvre; il appar-
« tient à la loi de déterminer la manière dont
« cette dette doit être acquittée.

« Les citoyens dont le revenu n'excède pas
« ce qui est nécessaire à leur subsistance sont
« dispensés de contribuer aux dépenses publi-
« ques. Les autres doivent les supporter pro-
« gressivement, selon l'étendue de leur for-
« tune. »

Et ce n'était pas seulement les Jacobins qui promulguaient ces principes : un girondin, Rabaut Saint-Etienne, écrivait qu'il fallait
« charger les lois de faire le partage le plus égal
« des fortunes, et en créer pour le maintenir et
« prévenir les inégalités futures. »

« Le législateur devra marcher à son but par
« des institutions morales et par des lois préci-
« ses sur la quantité des richesses que les
« citoyens peuvent posséder ou par des lois qui
« en règlent l'usage de manière : 1° à rendre le
« superflu inutile à celui qui le possède ; 2° à
« le faire tourner à l'avantage de celui qui en
« manque ; 3° à le faire tourner au profit de la
« Société.

« Le législateur peut encore établir des lois
« précises sur le maximum de fortune qu'un
« homme peut posséder et au-delà duquel la
« société prend sa place et jouit de son
« droit.

Et Vergniaud lui-même, dans un discours prononcé le 8 mai 1893 : « Si la constitution doit
« maintenir le corps social dans tous les avan-
« tages dont la nature l'a mis en possession,
« elle doit aussi pour être durable, prévenir par
« des règlements sages la corruption qui résul-
« terait infailliblement de la trop grande inéga-
« lité de la fortune. »

Je sais bien que nos adversaires, qui se réclament si hautement de la Révolution, ne la veulent voir et comprendre que dans les lâchetés et les palinodies de ceux qui devinrent plus tard les sénateurs de l'Empire\et les pairs de la Restauration.

Fils dégénérés et violateurs des idées de la

grande époque, ils ne veulent pour modèles que les apostats de Brumaire et de 1815.

Nous avons, du reste, protesté contre cette prétention outrecuidante (1) seulement pour bien montrer que la pensée socialiste se retrouvait à toutes les époques de notre histoire, que son éclosion était l'œuvre des siècles, qu'elle n'avait cessé d'exister à travers les générations, n'attendant que le jour des consciences affranchies pour s'affirmer dans une éclatante victoire.

## XXXIX

Et c'est pour cela que malgré qu'on en eût, nous allions répandant la doctrine, faisant appel aux bonnes volontés. Nous jetions au vent la sainte semence, attendant, anxieux, la saison des récoltes.

Que pouvaient faire — noire phalange de corbeaux dévastateurs dans les champs ensemencés — les repus et les dirigeants avec leurs vociférations et leurs clameurs de haine ? Trop puissante et trop abondante était cette semence de justice pour n'espérer pas quand même.

(1). Nous nous proposons de prouver dans un nouveau livre « La tradition révolutionnaire » que, seule, l'école socialiste s'est véritablement inspirée de l'esprit de la Révolution. La première partie : 1789-1791, paraîtra très prochainement.

On raconte qu'un jour un savant ouvrit une des pyramides d'Égypte d'où il exhuma le cercueil d'un Pharaon des premières dynasties. A côté de la momie et, comme elle, ensevelis sous la lourde masse de pierres depuis des siècles et des siècles, il trouva des grains de blé. Guidé par la bienfaisante curiosité de la science, il livra ces grains au sol ; et quelque temps après, quelle ne fut pas sa stupéfaction quand il put voir qu'ils avaient poussé des stipes si hauts, que nul n'avait souvenance d'en avoir vu de pareils : les épis gonflés qui courbaient le chaume représentaient chacun une moisson. C'est que ces graines avaient conservé la vigueur des premiers âges, qu'elles portaient en elles la puissance germinatrice et fécondante des libres cultures, que la dégénérescence due aux surproductions imprudentes, aux exigences des intérêts avides, ne les avait pas stérilisées.

Quels encouragements pour notre prédication! Nous qui, fils respectueux de la mère commune : la nature, nous retournions vers elle pour lui demander ses leçons, qui dédaignions le fatras de sottises imposé au monde par la force des égoïsmes et qui avions pour principe les règles de ses lois enfin reconnues, nous voyions ainsi grandir, saine et virile, la fertile moisson. Sous la motte de terre, que soulevait puissant le germe des blés du Pharaon, on pouvait prévoir la récolte; de même nous sentions la latente mais irrésistible poussée de raison qui annonçait le triomphe de la vérité.

C'est là ce que tous nous disions à la ville et aux champs; c'est ce que nos amis disaient, en merveilleux langage, dans nos assemblées.

On se rappelle qu'au moment d'entamer sa campagne de propagande, Mahomet réunit quarante Hashémites et leur demanda qui voudrait être son compagnon, lui aider à supporter son lourd fardeau. Tous se turent; un seul; un jeune homme homme, Ali, se leva et s'écria : « Prophète, je suis cet homme; si quelqu'un « ose s'élever contre toi, je lui briserai les dents, « je lui arracherai les yeux, je lui casserai les « jambes, je lui ouvrirai le ventre. Prophète, je « serai ton vizir. » (1)

Et comme, au milieu de 600 Hashémites du parlement, où nous faisions appel au concours de tous pour enlever l'humanité à l'écrasante injustice et aux souffrances iniques, nul ne voulait se joindre à nous; qu'un grand cri de réprobation nous répondait; voilà que, brisant toutes les entraves, rompant tous les préjugés, dénouant tous les liens, paysans et ouvriers, artisans et prolétaires de tous les points de la France, élevant leur âme dans un radieux acte

(1). L. SUDRE.

de foi, nous criaient: « En avant, prophètes,
« nous sommes avec vous ; qui s'oppose à vos
« doctrines sera vaincu ; allez vers l'avenir,
« superbes ! votre cause est celle de la Justice
« et du Droit ».

Sainte communion du peuple où l'homme disparaît devant l'humanité, je te salue!

Rayonnante aurore de bonheur et d'égalité, je me prosterne devant ta souveraine bonté ! Le bien n'est pas mort, puisque le peuple est debout.

## XL

Mais vous êtes internationaliste — nous crie-t-on ? Et le chœur des imbéciles et des coquins de traduire : « Alors vous êtes des sans patrie. »(1)

---

(1). Quelques citations prises dans les auteurs les plus accrédités du parti bourgeois, tous ayant la consécration d'une statue, prouveront que l'idée philosophique de patrie est dominée par la conception supérieure d'Humanité.

« L'Humanité en effet ! Voltaire ne travailla jamais, et c'est sa grandeur, pour un coin de l'espace ou pour une heure du temps. Mais n'est-ce pas là la gloire du xviii° siècle tout entier ? » (Guizot).

— « Un homme tel que vous ne peut voir qu'avec horreur le pays où vous avez le malheur de vivre. Vous devriez bien venir dans un pays où vous auriez la liberté entière, non seulement d'imprimer ce que vous voudriez, mais de prêcher hautement contre des superstitions aussi infâmes que sanguinaires. Vous

Est-il bien nécessaire de répondre à de pareilles niaiseries et de s'arrêter à de si puériles billevesées? Et d'abord, être internationaliste n'entraîne en rien la négation de l'idée de Patrie. Pas plus qu'on n'oserait reprocher à J. Simon et à M. Frédéric Passy de renier la patrie, on ne peut le faire au parti socialiste. Ces Messieurs pourtant ont fondé une vaste association sous le nom de *Ligue de la Paix*. Et voyez l'étrangeté des choses, quand le parti socialiste de-

n'y serez pas seul, vous aurez des compagnons et des disciples. Vous pourriez y établir une chaire, qui serait la chaire de la vérité. Votre bibliothèque se transporterait par eau et il n'y aurait pas quatre heures de chemin par terre. Enfin vous quitteriez l'esclavage pour la liberté. Je ne conçois pas comment un cœur sensible et un esprit juste, peut habiter le pays des singes devenus tigres. — Lettre de Voltaire à Diderot. — C'est de cette lettre qu'Arsène Houssaye dit : « c'est l'éloquence de l'esprit qui part du cœur. On dirait Platon parlant à Socrate. »

> L'ennemi vient sur l'entrefaite
> — Fuyons dit alors le vieillard,
> — Pourquoi? répondit le paillard.
> Me fera-t-on porter double bât, double charge?
> — Non pas, dit le vieillard qui prit d'abord le large,
> — Et que m'importe donc, dit l'âne, à qui je sois?
> Sauvez-vous et me laissez paître.
> (La Fontaine, *Le Vieillard et l'âne*.)

> Nation! mot pompeux pour dire Barbarie,
> L'amour s'arrête-t-il où s'arrêtent vos pas?
> Déchirez ces drapeaux; une autre voix nous crie :
> L'égoïsme et la haine ont seuls une patrie;
> La fraternité n'en a pas.....
> (A. de Lamartine).

mande une législation internationale du travail, pour pouvoir, par cette unité de règle, détruire la concurrence et le marchandage désastreux pour les ouvriers de chaque nation, on lui crie raca, on l'insulte, on l'injurie. N'est-ce pas pourtant préparer plus sûrement la paix, en détruisant les ferments de discorde entre les peuples; en faisant disparaître ce conflit d'intérêts, cette lutte de tarifs, cette baisse de prix de main-d'œuvre qui, sur nos frontières entr'autres, entretiennent tant de haines entre les travailleurs français et étrangers?

Et beaucoup plus sûrement certes qu'en ces parlottes semi-parlementaires et dans ces banquets, où quelques hommes, d'idées généreuses sans doute, palabrent verbeusement dans différentes langues.

Que deviendra-t-il du grand remède que cette Babel a enfanté, l'arbitrage ?

Nous voyons chaque jour en petit, dans les mouvements grévistes, comment les employeurs et les exploiteurs tout-puissants respectent, ou même seulement acceptent, ce moyen pourtant édicté dans la loi. Que sera-ce donc s'il faut empêcher l'action des nations plus fortes voulant opprimer la voisine? On sait combien facilement les forts se liguent entre eux pour asservir les faibles. C'est la loi fatale de ce que certains économistes appellent galamment : « la lutte pour la vie » et qu'insoucieux, ils regardent en disant :« Laissez faire, laissez passer. »

D'ailleurs on ne saurait nier que la connaissance des faits sociaux dans leur genèse, leur développement, leurs conséquences, leurs répercussions, soit une science au même titre que les autres. Et le propre même de la science, c'est de se trouver à l'étroit dans toutes les barrières et de se répandre sur le monde entier.

N'en est-il pas ainsi pour toutes les branches de la littérature et de l'art, et même pour certains services gouvernementaux ?

Nous avons des associations, des congrès internationaux d'hygiène, de littérature, pour l'avancement des sciences, etc. etc; des expositions, des conventions internationales.

On comprend chaque jour davantage que la parcelle de vérité découverte est du domaine de l'humanité, et ne saurait rester la propriété de quelqu'un : homme ou nation.

C'est ainsi qu'à différentes époques, grâce à cette espèce d'adoption — de naturalisation, devrais-je dire, — des génies d'un autre peuple ou d'une autre race, le patrimoine de chacun s'est enrichi, et qu'un fonds de morale et d'idées générales a pu devenir commun aux hommes.

Mais comment expliquer qu'on reproche avec tant d'horreur son internationalisme au parti socialiste, et qu'on accepte sans protester celui des prêtres et des financiers ?

Si du temps de Vespasien déjà l'argent n'avait pas d'odeur, il est certain que c'est de lui, surtout, qu'on peut dire aujourd'hui qu'il n'a pas de patrie.

Le cosmopolitisme financier est tout puissant, si puissant même qu'à la tête des services les plus importants de notre pays, nous trouvons des étrangers, souvent des ennemis, dont tous les efforts tendent à diminuer notre puissance commerciale ou défensive au bénéfice de leur nation.

Et pourtant comme les plus acharnés à décrier et à nier notre patriotisme, les soutiennent, et avec quelle énergie; quelles superbes paraphrases leur consacrent les économistes et les jouisseurs de notre temps !

Pas plus que celle de l'argent, l'internationale des prêtres ne peut se réclamer d'une patrie.

Avant la loi, avant le gouvernement, avant l'amour des parents, avant la fraternité des concitoyens, le prêtre doit faire passer l'observation de la loi du Pape. Du Pape seul dépend sa doctrine, sa morale, sa conscience; séculiers ou irréguliers, laïcs ou clercs, tous les catholiques obéissent au même mot d'ordre et doivent subir la même domination (1).

Ceux, qui tout-à-l'heure se prévalaient si haut de la tradition de la Révolution, oublient volontairement que les prêtres firent se soulever contre elle les Chouans et les Vendéens, que la Contre-Révolution ne recula pas à emprunter à l'étranger son or et ses armes, pas plus qu'à falsifier et altérer notre papier-monnaie pour l'avilir et atteindre le crédit de la République, mais encore qu'elle tâcha de lui ouvrir nos ports. Qui donc parmi nos pères et nos grands-pères à pu oublier la joie insolente et bassement déshonorée des réacteurs, à l'entrée de l'étranger sur le territoire ? (2)

---

(1) C'est ce que les 600 prêtres, convoqués en congrès à Reims par l'abbé Lemire, viennent de proclamer. Nous sommes loin de l'opinion de Bossuet : « Il serait à souhaiter que l'on bannît des écoles chrétiennes l'opinion nouvelle et inouïe aux douze premiers siècles, qui enseigne que *les évêques reçoivent leurs juridictions du pape.* ». — BOSSUET. *Défense de la déclaration du clergé de France.*

(2) « Il y eut plus d'une extravagance, plus d'une honte dans cette triste journée du 31 avril; on vit les femmes d'un certain monde prodiguer les bravos, les soins, les caresses aux soldats alliés, tandis que nos malheureux blessés de la veille, repoussés des ambulances et des hôpitaux faute de place, expiraient, sans secours, dans les rues et dans les chemins. Quelques-unes de ces femmes, vers le boulevard de la Madeleine, se précipitèrent au milieu du groupe qui accompagnait l'empereur de Russie et

Et cependant on nous injurie alors que, chaque année, on inscrit pour le clergé de nombreux millions au budget.

Du reste, c'est folie de s'attarder seulement un instant à ces allégations encore plus bêtes qu'elles ne sont de mauvaise foi.

Feindre de confondre cosmopolitisme avec internationalisme est une finesse cousue de fil blanc qui ne peut tromper personne. Plus que tous nous aimons notre pays, car tous les efforts de nos énergies et de nos intelligences tendent à assurer chaque jour davantage son bonheur.

Mais s'ensuit-il de ce que nous aimons notre pays, que nous ne puissions concevoir une affection réciproque pour les autres nations ? (1)

---

le roi de Prusse, poussant des cris de joie et s'efforçant de sai sir les mains des deux monarques ; d'autres plus retenues jetaient, sous les pieds des chevaux de ces princes et de leurs généraux, les bouquets de myrte et de laurier dont elles s'étaient parées. »

« L'élégante et belle comtesse Edmond de Périgord (depuis duchesse de Dino), nièce de M. de Talleyrand, se promena, dans la soirée, assise à cheval derrière un cosaque. *Les filles perdues, le 31, ne parurent nulle part ; les saturnales de la rue et de la place publique, ce jour-là, appartiennent aux dames riches et titrées.* ». — VAULABELLE. *Hist. des deux Restaurations.*

(1). Il est triste que pour être bon patriote, on soit l'ennemi du reste des hommes. (VOLTAIRE. *Dictionnaire philosophique*)

C'est cependant cela seul qui peut assurer l'harmonie dans l'humanité, et, pour jouir des bienfaits de la paix, nous ne croyons pas qu'il soit bon de faire œuvre de haine et de guerre.

Avec la disparition de la bourgeoisie égoïste et oppressive, l'homme ne peut plus rester l'ennemi de l'homme. La loi du vieux monde capitaliste : *homo homini lupus* doit-être décrétée d'infamie.

La Fraternité universelle qu'atteste la démocratie, indique plus nettement la grandeur de son rôle.

Curieuse remarque : Chaque année des congrès internationaux sur le régime pénitentiaire ont lieu dans différentes capitales, auxquels prennent part les délégués du gouvernement.

Serait-il donc seulement criminel d'agir de même pour assurer la liberté ?

Je connais bien l'internationalisme funeste, mais celui-là, les dirigeants le trouvent excellent. Chaque cinq ans, à Francfort, a lieu la grande réunion des financiers israélites : là, se trament les affaires louches, se nouent les intrigues frauduleuses, se décident les krachs profitables à la haute banque. A ceux-là on ne dit rien. Tout est permis à Sa Majesté l'argent.

Ne creusons par trop ces illogismes ; assez de rancœurs et de dégoûts nous montent au cœur, de ce qui est patent et avéré, pour n'aller pas encore fouiller ces bas-fonds.

## XLI

Mais voici la plus grosse objection, celle qui frappe le plus et retient davantage certains hommes, peut-être enclins à marcher avec nous.

« Les Démocraties sont ingrates et soupçonneuses. Supposez la Révolution faite et ceux qui l'auront préparée, qui en auront assuré l'événement ne seront plus bons à rien ; le peuple — comme il l'a fait pour tant d'autres — les rejettera de sa communion.

« Alors que se passe-t-il ? Les hommes d'études de bon sens, d'expérience sont dépassés par la foule. La masse des basses envies, des rancunes inavouées, des espérances irraisonnées, des désirs comprimés se rue à la curée.

« Rien n'est plus de ce qu'on avait rêvé de grand, de stable, de généreux. C'est la période des revanches, et, petit à petit, celles-ci se tassant et se contentant par le fait de leur existence, sont entraînées fatalement à reproduire les faits anciens. C'est « l'ôte-toi de là que je m'y mette » qui remplace toutes les doctrines. Et en fin de compte, il ne reste plus qu'un changement de personnes.

« Une classe en a remplacé une autre. Le lendemain la lutte reprend aussi âpre. Le cinquième état se forme et ainsi de suite. C'est l'éternel recommencement, la perpétuelle bataille des intérêts satisfaits contre les appétits inassouvis.

« Et notez qu'à son tour la cause de ces derniers devient aussi juste que le fut celle des triomphateurs.

« Et pire encore ; s'il faut admettre qu'une partie de la population ait assez d'intelligence, de connaissances et de raison pour vouloir établir le monde nouveau sur les règles de la Justice et de la philosophie des systèmes, il y a derrière elle toute une tourbe immense d'inconscients, d'ignorants, d'indignes, de criminels même, qui se lanceront plus âpres et plus violents aux solutions extrêmes.

« Cette armée du mal, que l'organisation mauvaise et inepte de notre société a grandie, profitera des troubles inévitables du lendemain des révolutions, pour faire sa trouée et prendre sa place. »

« C'est la petite et la grande truanderie, la
« sainte canaille, la vraie, celle qui croupit
« dans l'ignorance, le crime et la misère, et qui
« semble expier les joies et les vertus des heu-
« reux de ce monde par tous les vices et les
« maux dont elle est chargée qui entre en ligne.

« Et comme les préjugés ne la retiennent
« point : comme elle a rompu avec tout sent
« iment humain, que l'habitude de la lutte con-
« tinuelle la rend forte et énergique, comme elle
« a au cœur l'instinct des féroces vindictes,
« qu'elle a traîné longtemps le boulet de sa honte,
« de ses souffrances et de ses misères, elle cla-
« mera plus haut ses revendications et exigera
« plus terribles ses représailles » (1).

Hélas ! cela est vrai : mais cette terrifiante cohue de malheureux dont la monstrueuse oppression sociale et les dures misères imméritées ont fait des révoltés sans cœur et presque sans conscience, sont des hommes pourtant.

Leur crime est fait du crime social.

La responsabilité ne leur incombe pas pleine et entière ; elle est faite de toutes les souffrances et de toutes les douleurs de l'humanité, et aussi de cette néfaste perversion des mœurs qui considère comme juste et bon tout ce qui vient du pouvoir et de la fortune.

Car dans notre société, plus barbare cent fois que la barbarie antique, la richesse est une circonstance atténuante.

Lorsque dans ces grands bazars de nouveautés, deux femmes dérobent un objet à l'étalage, celle qui est pauvre sera traduite en justice ;

---

(1). H. Castille.

celle à laquelle tout sourit, position et revenus devient une kleptomane. La première est une coupable (1), la seconde seulement une détraquée; pour l'une la prison, pour l'autre, au contraire, des égards; pour celle-ci le panier à salade et le dépôt; pour l'autre, le coupé la ramenant aux joies de son intérieur et de son luxe.

Certes, il ne nous viendra jamais à la pensée de trouver une raison justificative au vol ou au crime en soi; mais combien les terribles conditions de la vie de certains, les charges qui les accablent, les injustes déboires sans cesse renaissants, les justes besoins jamais contentés, leur donnent d'excuses et d'atténuations!

Quand je vois passer dans une rue une malheureuse au teint plombé, tiré par la fatigue, les yeux cernés et caves, la poitrine rentrée, la démarche chancelante, tenant entre ses bras un enfant chétif et malingre bramant la faim qu'un sein desséché par la phtisie ne peut

---

(1) Bien peu coupable, si l'on accepte l'opinion des membres du congrès d'Anthropologie criminelle (1894-96); la responsabilité doit plutôt remonter au patron.

« Les grands magasins, a dit le docteur Lacassagne, sont les véritables provocateurs des vols spéciaux. Ils constituent un danger pour les personnes faibles ou maladives. Beaucoup de femmes qui ne voleraient pas ailleurs, se trouvent là ensorcelées, saisies et excitées à prendre. C'est la tentation véritablement diabolique. »

plus assouvir, je pense malgré moi à ce bourgeois rubicond et gras « latamque trahens inglorius alvum ».

Et quand on réfléchit que c'est le dévouement actif, l'énergie de sacrifices des premiers qui ont fait la jouissance du second, qui ne se sentirait ému, plein d'indulgence et de compassion ?

Quand « la grande populace et la sainte ca- « naille se ruaient à l'immortalité », certes personne n'eût osé dire qu'elles récolteraient plus d'injustice encore et plus d'amertume.

Il faut bien le reconnaître et le dire très haut, la Révolution fut la résultante du sacrifice des petits et des humbles ; mais, pendant qu'enivrés d'idéal ils donnaient sans compter leur sang et leur vie, la bourgeoisie, dans son égoïsme pratique, profitait de leurs victoires pour asseoir sa domination et substituer, plus mesquine et plus étroite, son oppression à celle des nobles.

Et puis, pour échapper de plus en plus aux responsabilités personnelles, elle abdiquait son action individuelle pour créer l'industrialisme et le capitalisme modernes. L'anonymat, tyran sans entrailles et sourd à toutes plaintes, devenait le maître absolu.

Nous avons dit la fatalité criminelle du chiffre qui n'a plus rien de commun avec l'humanité.

Qui donc fit naître ces nouveaux barbares dont la présence et les clameurs, aux jours des revendications, font trembler les timides ?

Et c'est parce qu'ils sont en quelque sorte le produit malsain de l'organisation économique, qu'ils ne peuvent être repoussés impitoyablement, et pour toujours condamnés. Quand luira le grand soleil de la Justice, leurs crimes, leurs vices et leurs défauts, mis dans la balance, pèseront bien peu devant les crimes, les vices et les défauts de la société. (1)

Frères égarés et coupables, ils n'en font pas moins partie de la famille, et si leurs droits

(1) Dans beaucoup de pays on attribue la pauvreté et la misère à la consommation croissante et exagérée de l'eau-de-vie : c'est là une erreur. L'usage de l'eau de vie n'est pas la cause mais l'effet de la misère. C'est une exception à la règle quand un homme bien nourri devient buveur d'eau-de-vie. Mais lorsque l'ouvrier gagne moins par son travail qu'il ne lui faut pour se procurer la quantité d'aliments nécessaire à son entretien, un besoin impérieux, inexorable, le force à recourir à l'eau-de-vie. Comment veut-on qu'il travaille si l'insuffisance de sa nourriture lui enlève tous les jours une certaine quantité de force ? L'eau-de-vie, par son action sur les nerfs, lui permet de réparer aux dépens de son corps, les forces qui lui manquent, de dépenser aujourd'hui ce qui, dans l'ordre des choses, ne devrait s'employer que demain. C'est comme une lettre de change tirée sur sa santé et qu'il lui faut toujours renouveler, ne pouvant l'acquitter faute de ressources. Il consume son capital au lieu des intérêts ; de là inévitablement la banqueroute de son corps. (LIEBIG. *Lettres sur la Chimie*.)

méconnus, leur conscience étouffée par l'affreuse étreinte de misère les ont conduits au mal, il leur faut pardonner, car le plus souvent ils ne savent ce qu'ils font. Que la Révolution donc leur tienne ses portes grandes ouvertes, qu'elle leur montre, rayonnant de sereine bonté, son idéal d'égalité et de respect du droit de chacun; qu'elle leur fasse entendre les paroles de salut: « Rien n'est plus des iniquités passées ; retrempez vous aux eaux vivifiantes du nouveau Jourdain; élevez vos cœurs et vos âmes dans la communion des vertus de l'ordre nouveau; le baptême de la victoire dernière a effacé les tares antérieures, vivez pour le bien, dans l'effusion d'amour et de fraternité qui désormais seront la règle de l'humanité. »

Parmi les éclairs du Sinaï, Jehovah, édictant ses ordres, masquait sa toute-puissance au milieu des nuages, pour ne pas éblouir les humains, et sa parole ne leur parvenait que répétée par un homme. Plus grand, plus saint, moins mystérieux le verbe socialiste s'adresse directement à tous et se fait comprendre de tous. Sa conception est dans l'humanité elle-même. Ses fulgurances ravissent les regards des hommes, ses espérances élèvent jusqu'au sublime leur cœur. Rien ne saurait résister, et les méchants eux-mêmes s'abimeront dans une extase de rénovation et de retour au bien.

Ce qui fera la grandeur de la Révolution sociale, c'est qu'elle sera la grande oublieuse, proclamant l'amnistie du passé, célébrant le grand jubilé. Le symbolique niveau qu'elle veut promener sur le monde n'a pas pour rôle d'abaisser, mais au contraire d'élever jusqu'au droit tous ceux que les absurdes et malfaisantes institutions tenaient courbés, accroupis ou vautrés dans la boue ou la honte (1).

La populace, la canaille sont des termes sans signification dans un monde régénéré, où toutes les classes disparaissent devant le triomphe du peuple, du peuple seul, dans la possession souveraine de l'égalité et du droit.

## XLII

Ainsi donc, vous les jeunes, qui demain serez les forts, armés que vous êtes des saines convictions et des réconfortantes espérances, n'écoutez pas les trembleurs. Leur crainte n'est faite que d'égoïsme et d'ambition.

Il faut que vous le sachiez bien : ce n'est pas à la victoire dont vous jouirez vous-mêmes que

---

(1). « N'oubliez jamais que, lorsqu'on veut créer une plaine, ce n'est pas seulement les *montagnes* qu'on abaisse, mais les *vallées* qu'on élève. » Constituante. *Adresse aux habitants des campagnes*. 1790.

l'on vous appelle, c'est au sacrifice. Et cela rend d'autant plus glorieuse votre action, qu'elle est désintéressée et consciente de son dévouement.

Oui, au lendemain de la victoire, les démomocraties seront soupçonneuses, défiantes et ingrates. Mais, c'est là peut-être la sauvegarde nécessaire. S'il en était autrement, la personnalité d'un ou de plusieurs hommes s'imposerait par les services rendus, et reconstituerait une espèce d'élite — n'entendions-nous pas parler dernièrement d'une aristocratie républicaine ?

Puis ces hommes ainsi vénérés, toujours appelés et écoutés, arrivent fatalement au jour où l'idéal qu'ils s'étaient donné est atteint ; et alors ils croient l'heure du repos arrivée et ne peuvent pas concevoir que l'on veuille encore progresser et agir. Leur évolution cérébrale n'est pas en rapport avec le développement intellectuel des masses.

Ils ne profitent que de leur science propre; tandis que par le fait même de la communauté étroite qui relie entre eux tous les cerveaux du peuple, celui-ci ablote et fait siennes toutes les vérités que démontre la marche du temps.

La conscience de l'homme ne se modifie et ne s'agrandit que selon les capacités de son esprit ou de son cœur, la conscience de la collectivité au contraire profite des efforts et des découvertes de tous.

Et d'un autre côté, combien qui voyant s'approcher la réalisation des rêves de leur jeunesse, regardent en arrière et sont effrayés de l'échéance, en songeant à la puissance qu'il fallut déployer aux jours des combats. Ils s'arrêtent alors, étonnés, tremblant d'apercevoir ce qu'il y aura derrière ce but.

Moïse mourut avant d'entrer dans la terre promise qu'il put à peine entrevoir.

Symbolique image. Peu d'hommes sont appelés à entrer dans la terre promise ; et ceux qui le pourront faire verront se développer devant eux une longue route ; car dans le progrès jamais ne se peut atteindre la limite.

Que serait, d'autre part, l'humanité, si un jour elle arrivait au but dernier ? Elle n'aurait plus qu'à mourir. Le mouvement seul fait la vie. Le repos c'est l'anti-nature, c'est la mort ; non cette mort active de l'homme qui n'est qu'une métamorphose de ses parties constitutives, mais la mort absolue dans le froid du néant.

Ne maudissez pas l'inconstance ou la versatilité des foules, puisqu'elles sont une garantie de durée pour les conquêtes faites et qu'elles assurent la progression infinie vers le bien absolu.

Et ne vous sentez-vous pas plus fort par cette conception de donner tout ce qu'il y a en vous pour le bonheur commun ? Ne voyez-vous pas combien admirable et grandiose est cette abnégation de soi-même ?

Après le labeur utile et la lutte sainte, s'abîmer dans la communion générale du peuple, n'est-ce pas déjà la plus superbe réalisation de l'idée inspiratrice?

Aussi que les barbares viennent, que la tourbe dolente menace de vous écraser, qu'importe ! Ouvrez toutes grandes les barrières. Il y a place pour tous. Que vos cœurs se fassent humbles et pitoyables pour ceux-là qui furent les criminels, les malfaiteurs d'hier.

C'est l'acte de foi nécessaire en la superbe puissance moralisatrice de la Révolution. Par là vous affirmez qu'avec elle tout doit s'améliorer, que le mal ne peut plus subsister sous son égide pacifique et fraternelle. (1)

C'est la démonstration absolue de la vérité des doctrines. Quelles puériles craintes peuvent arrêter, quand cet exemple donnera la confiance aux aigris, aux douteurs, aux incroyants ?

Haut les cœurs ! Les grandes causes ne sont pas utilement servies par les ambitieuses pen-

---

(1). Le mal, c'est la douleur des autres. (CH. RICHET. *Revue scientifique.*

sées. Seul l'esprit de sacrifice et de dévouement les anoblit assez pour inspirer à tous le respect.

Est-ce bien réellement, d'ailleurs, le sacrifice ? Dans l'évolution normale, les hommes doivent devenir de plus en plus égaux, mais ils doivent aussi devenir meilleurs ; et c'est avoir presque atteint ce but supérieur que ne pas vouloir garder d'autre souvenir des services rendus, sinon cette annihilation sublime de son être dans l'amour de l'humanité.

Faut-il donc faire disparaître vos individualités pensantes et agissantes ? Il serait monstrueux de le vouloir et seulement de le penser.

Mais de même que dans la machine, la bielle, l'excentrique ou le robinet ne sauraient avoir de suprématie ou de mérites particuliers parce qu'ils sont tous, à différents titres, utiles à son fonctionnement, de même quelle que soit la vigueur de l'individu, l'étendue de son intellectualité, la grandeur de son concept, la puissance de son talent, le rayonnement de son génie, il ne saurait se prévaloir de ses qualités. Utiles, nécessaires au développement, elles ne le sont pas plus que la moindre parcelle d'activité qu'un autre apporte dans la vie sociale.

« Chaque homme — a dit Pline — a en lui
« une idée qui est comme le complémentaire
« d'un autre ». Que cela rabaisse les orgueils !

Sans ce rien, que l'idiot lui-même porte en lui, la pensée du génie pourrait n'être pas complète. Tous servent à tous et à chacun. Chacun a pour devoir de servir à tous. Entre deux êtres dont l'action est également nécessaire qui peut commander, qui sera le maître ?

Quel que soit l'apport, tous deux ne sont que les serviteurs d'une même cause.

Il faut bien dire aussi que dans la besogne accomplie, nul n'est plus méritant que l'autre.

De quoi s'agit-il en effet? De faire son devoir.

Mais le devoir est-il le même pour tous ? Sa conception ne dépend-elle pas du milieu, de l'éducation, de la cérébralité, du degré de savoir, de l'étendue des connaissances, des exemples reçus, et que sais-je encore?

Ainsi donc nul ne se peut targuer d'un mérite plus grand pour un acte quelconque, si superbe soit-il. Si son voisin n'eut pas la même pensée c'est que son cerveau n'était pas susceptible d'une égale compréhension.

Cette constatation rabaisse peut-être la superbe des hommes; mais qu'elle est consolante pour l'avenir des sociétés!

L'intérêt disparaît devant la notion du devoir. L'égalité se conçoit de la diversité même de ce devoir entre les individus. C'est ainsi que, chacun apportant tout ce qu'il peut au patrimoine commun, la collectivité humaine ne peut que voir s'élever son niveau moral. Chacun cherchant sa satisfaction en soi, dans le témoignage intime de sa conscience, sachant qu'il ne fait jamais que son devoir, il ne peut plus avoir envers son frère de sentiment d'orgueil ou de vanité.

Il l'aime fatalement et le respecte, car il comprend que lui aussi vit dans l'observance stricte du devoir compris.

L'harmonie divine est enfin descendue sur la terre, tous sont également utiles, également nécessaires, car ils accomplissent ce que leur intellectualité leur permet de concevoir, et cela dans l'œuvre commune.

Ne voit-on pas que ce respect des hommes entre eux rehausse les âmes et restitue la dignité?

Jeunes hommes qui demain saluerez l'aurore nouvelle, soyez humbles et aimez-vous. Donnez sans compter tout ce que vous pouvez de force et d'intelligence ; respectez à l'égal de vous-même celui qui peut moins ; de là dépend le retour à la dignité perdue.

Il faut faire si grande, si noble, si généreuse l'âme du peuple que tous puissent, sans rien perdre de leur puissance individuelle, trouver dans cette grande communion fraternelle le bonheur et la satisfaction de la conscience.

Il suffit de vouloir et de s'oublier soi-même au bénéfice de tous.

Jeunes hommes soyez humbles et aimez-vous.

## XLIII

Dans cette très rapide étude nous n'avons parlé ni des hommes, ni des scandales politiques ou financiers de ces dernières années; la polémique personnelle en a été soigneusement exclue.

A peine avons nous fait allusion à quelques mesures tendancielles, qui pouvaient éclairer d'une lumière plus vive le cours des événements.

Nous n'avons pas, non plus, refait la critique pourtant si suggestive de notre état social. A quoi bon, du reste? Cette besogne a été faite par d'autres, et avec quelle superbe éloquence, quelle merveilleuse force de vérité !

Il suffit de se rappeler, pour comprendre combien doit souffrir la raison humaine de ce terrible problème, depuis si longtemps posé et jamais résolu.

Nous avons essayé de faire voir d'abord quelles raisons avaient retardé la solution, puis comment la nécessité de cette solution, s'imposant aujourd'hui à la conscience et à l'intelligence publique, ce n'était plus qu'une affaire de jours.

De l'état d'extase en de joyeuses espérances où elle était restée si longtemps, la foi est devenue agissante. Et il faut bien avouer que ce qui se passe autour de nous est bien fait pour aider son action. Aurons-nous réussi à indiquer nettement la dissolution parcellaire de la société actuelle; et avons-nous assez montré que tout croule et disparaît de l'ancien édifice et des vieilles formules? Nous l'espérons, car cette croyance existant déjà, latente mais certaine, dans tous les esprits, un rien suffisait pour la dégager.

Et pourtant que de timides encore qui tremblent et n'osent pas ! Malheureux et coupables qui, par leurs hésitations lâches et la stupidité de leur entêtement, peuvent rendre terrible la genèse du monde nouveau.

A ceux-là, espérant toujours par de savantes combinaisons, des replâtrages discrets, d'habiles étayements, empêcher la chute et maintenir cette architecture chancelante, il faut encore montrer l'inanité de la résistance.

Il faut rappeler ces courants des fleuves auxquels on veut opposer des digues; pendant quelque temps les eaux s'arrêtent accumulées derrière le barrage, puis, sous le coup d'une poussée plus forte, la barrière est rompue, enlevée, dispersée en tous sens ; ses matériaux eux-mêmes entraînés par le flot deviennent de nouveaux engins de destruction, broyant et détruisant tout dans la plaine inondée.

Veulent-ils amener ces désastres? veulent-ils être les artisans et les causes d'une Révolution violente? Qu'ils le déclarent, mais plus d'hypocrites paroles, plus de larmoyantes théories. Avec le peuple ou contre lui; avec la justice ou l'exploitation; avec la liberté ou l'oppression! L'heure est venue de prendre parti.

La duplicité et le mensonge ne peuvent plus avoir actuellement aucune influence; ils sont percés à jour. C'est la bataille avec ses horribles et hideuses conséquences, ou bien l'effort commun dans la pacifique rénovation.

L'ordre, l'autorité, vieux mots qui ne répondent plus à aucun sentiment vrai et honnête. Et que l'on ne vienne pas parler de changement de personnes et d'orientation nouvelles dans le Gouvernement, car il n'y a là que duperie et bêtise. Que le pouvoir passe en d'autres mains, rien ne sera changé; les hommes seront impuissants, tant que les institutions subsisteront, tant que les mœurs elles-mêmes ne seront pas transformées.

« Le pouvoir — disait Rouland à l'oppo-
« sition, le 7 février 1848 — le pouvoir mais vous
« en avez la fièvre et quand vous le tiendrez
« vous serez comme les autres, corrupteurs et
« corrompus. »

C'est qu'en effet la faute est encore bien plus à la conception barbare de notre organisation sociale qu'aux hommes. Elle contient en elle tant de pourriture et d'infamie qu'elle corrompt et dégrade tout ce qu'elle touche. Et même les meilleurs, ceux qu'animent les intentions les plus généreuses, sont condamnés à succomber.

## XLIV

Faut-il donc rappeler que la plainte de l'humanité se fait entendre depuis des siècles ?

— « Nous sommes tous frères — disent les
« anabaptistes au xv$^e$ siècle — d'où vient donc
« cette différence de rangs et de biens que la
« tyrannie a introduite entre nous et les grands
« du monde ? Pourquoi gémissons-nous dans
« la pauvreté et serions-nous accablés de tra-
« vaux tandis qu'ils nagent dans les délices?

— « La principale cause de la misère publi-
« que — dit Morus — c'est le nombre des nobles,
« des frelons, des oisifs qui se nourrissent de la
« sueur et du travail d'autrui... et qui font cul-
« tiver leurs terres en tondant leurs fermiers
« jusqu'au vif, pour augmenter leurs revenus.
« N'est-il pas étonnant que l'or ait acquis une
« valeur factice tellement considérable qu'il
« soit plus estimé que l'homme ? qu'un riche à

« l'intelligence de plomb, stupide comme une
« bûche, non moins immoral que sot, tienne
« cependant sous sa dépendance une foule
« d'hommes sages et vertueux ?

« Est-il juste qu'un noble, un orfèvre (ban-
« quier), un usurier, un homme qui ne produit
« rien, mène une vie délicate au milieu de
« l'oisiveté ou d'occupations frivoles, tandis
« que le manœuvre, le charretier, l'artisan, le
« laboureur vivent dans une sombre misère se
« procurant à peine une chétive nourriture ? Ces
« derniers cependant, sont assujettis à un tra-
« vail si long et si assidu que les bêtes de somme
« le supporteraient à peine ; si nécessaire qu'au-
« cune société ne pourrait subsister un an sans
« lui. Vraiment la condition de la bête de
« somme pourrait paraître de beaucoup préfé-
« rable ; celle-ci travaille moins longtemps, sa
« nourriture n'est guère inférieure, elle est
« même plus conforme à ses goûts. Enfin l'ani-
« mal ne craint pas l'avenir.

« Mais quel est le sort de l'ouvrier ? Un tra-
« vail infructueux, stérile, l'écrase dans le pré-
« sent, et l'attente d'une vieillesse misérable le
« tue. Car son salaire journalier est si faible
« qu'il suffit à peine aux besoins du jour.
« Comment pourrait-il épargner un peu de
« superflu pour les besoins de la vieillesse ?

« Ce n'est pas tout. Les riches diminuent cha-

« que jour de quelque chose le salaire des pau-
« vres, non seulement par des manœuvres
« frauduleuses, mais encore en publiant des lois
« à cet effet. Récompenser si mal ceux qui méri-
« tent le mieux de la République semble d'abord
« une injustice évidente ; mais les riches ont
« fait une justice de cette monstruosité en
« la sanctionnant par des lois. Aussi lorsque
« j'examine et j'approfondis la situation des
« Etats aujourd'hui les plus florissants, je n'y
« vois qu'une certaine conspiration des riches fai-
« sant au mieux leurs affaires, sous le nom et
« le titre de République. Les conjurés cherchent
« par tous les moyens possibles à atteindre ce
« double but : premièrement, assurer la pos-
« session certaine et indéfinie d'une fortune plus
« ou moins mal acquise ; secondement, abuser
« de la misère des pauvres, abuser de leurs
« personnes comme on fait des animaux et ache-
« ter au plus bas prix possible leur industrie
« et leur labeur. »

Et cela est écrit au XVIe siècle ! ne croirait-
on pas lire une page d'auteur contemporain ?

« Mettez un frein, continue-t-il, à l'avare
« égoïsme des riches ; ôtez-leur le droit d'acca-
« parement et de monopole ; qu'il n'y ait plus
« d'oisifs parmi vous, donnez à l'agriculture un
« plus grand développement, créez d'autres
« branches d'industrie où viennent s'occuper

« utilement cette foule d'hommes oisifs dont
« la misère a fait jusqu'à présent ou des vaga-
« bonds ou des valets qui finissent par être à
« peu près tous des voleurs.

« Si vous ne portez remède aux maux que je
« vous signale, ue me vantez pas votre justice,
« elle n'est qu'un mensonge spécieux. Vous
« abandonnez des milliers d'enfants aux rava-
« ges d'une éducation vicieuse et immorale. La
« corruption flétrit sous vos yeux ces jeunes
« plantes qui pourraient fleurir pour la vertu, et
« vous les frappez de mort quand, devenus des
« hommes, ils commettent les crimes qui ger-
« maient dès le berceau, dans leur cœur. Que
« faites-vous donc ? des voleurs pour avoir le
« plaisir de les pendre. »

Tout cela n'est-ce pas toujours l'actualité ?

« De là vient l'égoïsme — écrit Campanella —
« car pour élever un fils jusqu'aux dignités et
« aux richesses, et pour le faire héritier d'une
« grande fortune, nous dilapidons le trésor
« public, si nous pouvons dominer les autres
« par notre richesse et notre puissance ; ou bien
« si nous sommes faibles, pauvres et d'une
« famille obscure, nous devenons avares, per-
« fides et hypocrites. »

— « Ecoutez-les tous — dit à son tour Mo-
« relly — ils vous poseront pour principe
« incontestable cette importante proposition :

15.

« L'homme naît vicieux et méchant. Non, disent
« quelques-uns, mais la situation où il se trouve
« dans cette vie, la constitution même de son
« être l'exposent inévitablement à devenir per-
« vers. Tous prennent ceci à la rigueur, aucun
« ne s'est imaginé qu'il en pouvait être autre-
« ment, aucun ne s'est avisé qu'on pouvait pro-
« poser et résoudre cet excellent problème :
« trouver une situation dans laquelle il soit
« presque impossible que l'homme soit dé-
« pravé ou méchant ou du moins *minima de*
« *malis*.

Et parlant de ces soi-disants philosophes et moralistes, précurseurs de nos économistes bourgeois :

« Ces guides aussi aveugles que ceux qu'ils
« prétendaient conduire, qui mettaient leur
« dialectique au service des oppresseurs, que
« naît-il de leurs travaux ? De volumineux
« traités de morale et de politique qui, sous le
« titre de remèdes, recèlent des poisons. Beau-
« coup de ces ouvrages peuvent donc s'intitu-
« ler les uns : l'art de rendre les hommes
« méchants et pervers sous les plus spécieux
« prétextes et à l'aide même des plus beaux pré-
« ceptes de probité et de vertu ; l'étiquette des
« autres sera : moyens de policer les hommes
« par les règlements et les lois les plus propres
« à les rendre féroces et barbares. »

Sa préface, du reste, indique nettement ses vues ;

« Laissez tomber un instant ce voile (les pré-
« jugés), vous apercevrez avec horreur la source
« de tous maux, de tous crimes, là même où
« vous prétendez puiser la sagesse. Vous verrez
« avec évidence les plus simples et les plus
« belles leçons de la nature perpétuellement
« contredites par la morale et la politique vul-
« gaire. Si, le cœur et l'esprit fascinés de leur
« dogme, vous ne voulez ni ne pouvez en sentir
« les absurdités, je vous laisse au torrent de
« l'erreur — *qui vult decipi decipiatur*. »

Le grand génie de Pascal apporte aussi son témoignage : « Ne vous imaginez pas que ce
« soit par un moindre hasard que vous possédez
« les richesses dont vous vous trouvez maître,
« que celui par lequel cet homme se trouve roi.
« Vous n'y avez aucun droit de vous-même et
« par votre nature, non plus que lui; et non seule-
« ment vous ne vous trouvez fils d'un duc, mais
» vous ne vous trouvez au monde, que par une
« infinité de hasards. Votre naissance dépend
« d'un mariage, ou plutôt de tous les mariages
« de ceux dont vous descendez. Mais ces maria-
« ges, d'où dépendent-ils? d'une visite faite par
« rencontre, d'un discours en l'air, de mille occa-
« sions imprévues.

« Vous tenez, dites-vous, vos richesses de vos

« ancêtres? mais n'est-ce pas par mille hasards
« que vos ancêtres les ont acquises et les ont
« conservées? mille autres aussi habiles qu'eux,
« ou n'en ont pu acquérir, ou les ont perdues
« après les avoir acquises, Vous imaginez-vous
« aussi que ce soit par quelque voie naturelle
« que ces biens ont passé de vos ancêtres à
« vous ? Cela n'est pas véritable. Cet ordre
« n'est fondé que sur la volonté des législa-
« teurs, qui ont pu avoir de bonnes raisons,
« mais dont aucune n'est prise d'un droit natu-
« rel que vous ayez sur ces choses. S'il leur
« avait plu d'ordonner que ces biens, après
« avoir été possédés par les pères durant leur
« vie, retourneraient à la république après
« leur mort, vous n'auriez aucun sujet de vous
« en plaindre. »

Après lui, Mably déclare : « De ces fortunes
« inégales, disproportionnées, ne doit-il pas
« résulter des intérêts différents et opposés,
« tous les vices de la richesse, tous les vices
« de la pauvreté, l'abrutissement des esprits,
« la corruption des mœurs civiles ? Ouvrez
« toutes les histoires, vous verrez que tous
« les peuples ont été tourmentés par cette iné-
« galité de fortune. Des citoyens fiers de leurs
« richesses ont dédaigné de regarder comme
« leurs égaux des hommes condamnés au travail
« pour vivre ; sur-le-champ vous voyez naître

« des gouvernements injustes et tyranniques,
« des lois partiales et oppressives et, pour tout
« dire en un mot, cette foule de calamités sous
« lesquelles les peuples gémissent. »

Et Rousseau : « Le premier qui, ayant enclos
« un terrain, s'avisa de dire : « Ceci est à moi »,
« et trouva des gens assez simples pour le
« croire, fut le vrai fondateur de la société
« civile.

« Que de crimes, de guerres, de meurtres, de
« misères et d'horreurs, n'eût pas épargné, au
« genre humain celui qui, arrachant les pieux
« ou comblant le fossé, eût crié à ses sem-
« blables : « Gardez-vous d'écouter cet impos-
« teur ! Vous êtes perdus si vous oubliez que
« les fruits sont à tous et que la terre n'est à per-
« personne. »

Puis, montrant ce qu'est une société ainsi
créée « Il n'y a peut-être pas un homme aisé à
« qui des héritiers avides et souvent ses pro-
« pres enfants ne souhaitent la mort en secret,
« pas un vaisseau en mer, dont le naufrage ne
« fût une bonne nouvelle pour quelques négo-
« ciants, pas une maison qu'un débiteur ne vou-
« lût voir brûler avec tous les papiers qu'elle
« contient, pas un peuple qui ne se réjouisse des
« désastres de ses voisins... Les calamités publi-
« ques font l'attente et l'espoir d'une multitude
« de particuliers. Les uns veulent des maladies;

« d'autres la mortalité ; d'autres la guerre, la
« famine ».

Ainsi nous le voyons, par ces quelques citations, au xv°, au xvi°, aux xvii° et xviii° siècles, les revendications, les plaintes se font nettes et pressantes. Et combien en avons-nous laissé de ceux qui, à des titres différents, ont mené le même combat : Boisguillebert, Vauban, Linguet, Turgot, etc.

Ces choses-là sont trop connues de tous ceux qui s'intéressent à ces questions pour ne pas se borner à de simples et très courts extraits.

Nous ne ferons que rappeler, pour les mêmes raisons, les sociologues modernes dont les œuvres sont aussi topiques et, qui plus éloquentes, plus savantes peut-être encore, reproduisent les mêmes critiques et les mêmes désirs. De nos jours, dans le monde entier, de généreux apôtres continuent la campagne. Qui ne connaît leurs noms, qui n'a salué leurs groupements, écouté leur parole ?

Et pourtant à la surface rien n'est changé ; eh quoi ! depuis des siècles tant de génies et de talents divers ont attaqué la vieille société, ont démontré ses défauts, raconté ses crimes et tout cela subsiste !

On a fait la Révolution française ; le suffrage universel a donné la parole au peuple, et l'abîme d'infamie n'est pas comblé, la source des pleurs n'est pas tarie !

Après la Royauté de droit divin, la Charte octroyée, la Monarchie constitutionnelle, l'Empire, la République bourgeoise, le mal persiste et s'accroît chaque jour ; la liberté n'est qu'un leurre, l'égalité un mensonge.

Ah ! c'est que tous ces gouvernants ont conservé le vieux moule. C'est que les dirigeants nobles, bourgeois, financiers sont toujours les mêmes.

Nous le voyons bien, chaque jour, dans le triste et décevant spectacle que nous donnent les parlementaires éternellement attelés à la besogne répugnante de « toujours refaire », pierre à pierre, l'édifice battu en brèche. A cet inutile labeur, les forces se perdent, les courages se détrempent, les énergies s'amollissent.

Toutes les expériences faites ont démontré la malfaisance de notre organisation. La misère sans cesse croissante, l'injustice toujours plus grande, la richesse se concentrant de plus en plus en quelques mains plus rares, prouvent que continuer deviendrait criminel.

Les stériles discussions, les complots de couloir, les égoïsmes de personnes, les intérêts avides des spéculateurs, l'indifférence écœurée, le découragement, l'impuissance, voilà ce que donne l'époque moderne. Cela peut-il durer?

## XLV

Du monde ancien rien ne reste plus intact, plus rien n'appelle le respect, plus rien n'inspire la confiance.

L'antagonisme féroce entre les institutions qui régissent la société et les besoins que les temps nouveaux ont créés, a fait naître une lassitude profonde chez les uns, de sourdes ou d'éclatantes colères chez les autres.

Mais personne ne tient plus à ce qui est et chacun, consciemment ou non, aspire à un changement, un plus grand mal ne pouvant advenir. Suivant la parole d'un ancien, « dans « la nature tout concourt, tout consent, tout « conspire. »

Et dans ce malaise général, est-ce un souvenir du passé, une remémoration d'états antérieurs où les règles qui mouvaient l'organisme social étaient moins funestes ?

Oh loin de là ! bien que quelques-uns ne se l'avouent pas ouvertement encore, d'un consentement unanime, on comprend que le passé est bien mort et que cette société factice — basée sur la fausseté d'un droit divin ou l'odieux privilège de classes destinées à la jouissance exclusive — ne saurait en rien remédier aux illogismes monstrueux de l'heure présente.

En remontant le cours de l'histoire, des histoires, on ne trouve nul modèle, nul souvenir qui puisse donner un espoir quelconque. Seul l'avenir permet d'attendre, et de croire à des temps meilleurs. D'aucuns hésitent peut-être encore à se lancer dans l'inconnu troublant de demain, et d'autres, tout en la désirant au tréfonds de leur conscience, tremblent devant cette révolution que leurs préjugés et leurs habitudes, le servage de leur atavisme et la discipline imposée à leur cerveau leur rend effrayante.

Mais le mal s'accroît sans cesse : la misère augmente et, avec elle, la désespérance. Les plus timides, les plus craintifs, les plus arriérés — ne voyant rien à attendre de ce qui est, et sentant l'abîme se creuser plus grand derrière eux — n'hésitent plus. Un signal et ils s'élancent. Tout plutôt que le temps présent.

D'ailleurs la parole ardente des croyants, la foi communicative des apôtres de la doctrine nouvelle, les soutient, les encourage, les entraîne. Mais plus que tout, les terrifiants désespoirs de leurs impuissances, les affres mortelles d'éternelles et injustes souffrances leur donneront la décision et le courage.

Quand, au moyen-âge, la lourde main des clercs s'appesantissait si féroce sur les peuples, ceux-ci, pris d'un désespoir sans nom, accablés par l'infortune et la tyrannie se lancèrent avec fureur dans le blasphème et le sacrilège. En haine du prêtre et de son Dieu, ils se livraient à Satan, et c'est par milliers qu'ils allaient à la messe noire. Et cependant ils croyaient à la divinité. Aujourd'hui la croyance est morte : plus facilement et avec moins de crainte, — quand les malheurs sont aussi grands, les oppressions aussi malfaisantes — ils détruiront les anciennes idoles, et diront eux aussi la « messe à rebours ». Prendre le contre-pied de ce qui est si injuste, si contraire à toute morale et à tout droit, n'est-ce pas entrer inéluctablement dans un avenir radieux de réparation?

Aussi partout on sent comme de sourds grondements aux profondeurs du sol, et déjà les secousses se succèdent plus accentuées, plus énergiques, plus viriles.

Dans une expérience familière des cours de physique, on soumet un récipient contenant de l'eau à une température au-dessous de zéro degré. L'eau reste liquide, sans se congeler ; mais qu'une parcelle de fer y tombe ou qu'on la remue avec un fétu et aussitôt elle se condense et se forme en un bloc de glace résistante.

C'est exactement l'image du présent. Qu'un fétu quelconque vienne à tomber, qu'un Sieyès ou un Thomas Payne trouve la formule simple, le *credo* qui agite la masse et la Révolution est faite.

Que dis-je ? l'impulsion est donnée, les couches se durcissent, le bloc se forme.

La colère, la haine se changent en un hymne d'amour et de pitié pour l'humanité, et comme le fleuve qui brise toutes digues et toutes entraves, la lumière, la vérité se répandent partout. De toutes parts s'écroulent les monuments et les institutions des iniquités passées. Un grand vent de sainte indignation renverse ce qui dépasse et humilie — égalisant et remettant tout en place.

Aux sourds grondements des tonnerres, à la lumière des éclairs bénis de la justice triomphante, on voit, dans le limon vivificateur du monde nouveau, pousser, drue et puissante, la saine moisson de l'égalité ; et, sous le grand et fécond soleil de l'amour, la Révolution établit son hégémonie.

Le vieux monde disparaît, la préface est terminée. L'ère nouvelle est ouverte et le peuple commence le livre de sa gloire et de son bonheur.

Imprimerie E. NÉRY, 7, rue du Bois, Asnières

OUVRAGES PUBLIÉS PAR LA
# SOCIÉTÉ LIBRE D'ÉDITION DES GENS DE LETTRES

## *Dernières Nouveautés*

Comte Paul d'Abbes. — **Un de nous**, roman, 1 vol. in-18, **3 fr. 5**
Jean d'Égly. — **Fleurs éparses**, poésies, 1 vol. in-18.. **1 fr. 2**
Léon Ferbeyre. — **Le Gendre du Président**, roman, 1 volum in-18............................ **3 fr. 5**
Eugène François. — **Les Comédies du jour**, poésies, 1 volum in-18....... ... .................. **3 fr.**
Jeanne France. — **Théâtre de salon**, cinq comédies, 1 volum in-18................................ **2 fr.**
— **La Baronne de Langis**, roman, 1 volume in-18... **3 fr. 50**
Jeanne France et Carolus d'Harrans. — **Duchesse**, roman, 1 vol. in-18....................................... **3 fr. 50**
Jeanne France et Achile Magnier. — **Rêves d'une heure**, (La Grotte enchantée, La nouvelle Marguerite), 1 vol. in-18...... **2 fr.**
Michel Jicé. — **Quand le tour est joué**, roman humoristique illustré, 1 volume in-18........ .............. **3 fr. 50**
Henry l'Hussier. — **La Grande Nuit**, nouvelles, 1 volume in-18........................................ **3 fr. 50**
Camille Mital. — **Les Treize jours de Michel Mornaix**, petit roman militaire, fantaisiste et humoristique, 1 vol. in-18. **1 fr. 25**
— **Par Elle**, poésies, 1 volume in-18................ **1 fr. 25**
Louis Montlahuc. — **Le vrai chemin d'Annibal à travers les Alpes**, 1 volume in-18, avec cartes................ **2 fr. 50**
J. de Peretti Della Rocca. — **La Comédie du Cœur**, poésies, 1 volume in-18................................. **3 fr.**
Henry Rainaldy. — **La Voix de la Mer**, 1 acte en prose, 1 volume in-18........................................... **1 fr. 25**
Louis Roguelin. — **Jacques Moreau**, mœurs de province, préface d'Émile Faguet, 1 volume in-18................ **3 fr. 50**
Louis Térix. — **Tranches de Vie moderne** (l'Enquête, Avant le Bal), comédies en un acte, en vers, 1 volume in-18..... **1 fr. 25**
Capitaine Verdier (Jacques Harmant). — **L'Esprit militaire**, 2 vol. in-18 ........................................ **6 fr.**
Victor Wallet. — **Lyre d'Escholier**, poésies, 1 vol. in-18, **» fr. 75**

IMPRIMERIE E. NÉRY, 7, RUE DU BOIS, ASNIÈRES.

www.ingramcontent.com/pod-product-compliance
Lightning Source LLC
Chambersburg PA
CBHW070759170426
43200CB00007B/840